赢在常识

巴菲特的投资原则

赵荣春◎编著

SPM 南方传媒 | 花城出版社

中国·广州

图书在版编目（CIP）数据

赢在常识：巴菲特的投资原则 / 赵荣春编著 .
广州 : 花城出版社，2025. 3. -- ISBN 978-7-5749
-0531-3

I. F837.124.8

中国国家版本馆 CIP 数据核字第 2025239FZ6 号

出 版 人：张 懿
策划编辑：姜 涛
责任编辑：郑秋清
特约编辑：陈 佳
责任校对：张 旬
技术编辑：凌春梅 张 新
封面设计：济南新艺书文化

书 名	赢在常识：巴菲特的投资原则
	YING ZAI CHANGSHI: BAFEITE DE TOUZI YUANZE
出版发行	花城出版社
	（广州市环市东路水荫路 11 号）
经 销	全国新华书店
印 刷	涿州市京南印刷厂
	（河北省涿州市华丰路 1 号）
开 本	880 毫米 × 1230 毫米 32 开
印 张	6.25
字 数	129,000 字
版 次	2025 年 3 月第 1 版 2025 年 3 月第 1 次印刷
定 价	49.80 元

如发现印装质量问题，请直接与印刷厂联系调换。
购书热线：020-37604658 37602954
花城出版社网站：http://www.fcph.com.cn

目录

前言 / I

01　常识主义：越简单越有价值

1. 投资自己是应对通货膨胀最好的方法 …………………………003

2. 坚决牢记：避免风险，保住本金 …………………………006

3. 绝不借债炒股 …………………………009

4. 选择业务简单的公司，避免业务复杂的公司 …………………012

5. 想赚多少先看会赔多少 …………………………015

6. 投资不是投机，更不是赌博 …………………………017

7. 坚持不犯傻就是最大的聪明 …………………………020

8. 将精力和资金集中在最看好的投资项目上 …………………023

9. 好的习惯是投资成功的关键 …………………………025

10. 坚持正直和善良，路会越走越宽 …………………………027

02 理性主义：永远保持冷静

1. 所有投资评估都应从测量风险开始 ⋯⋯⋯⋯⋯⋯⋯⋯033

2. 当别人贪婪时要恐惧，当别人恐惧时要贪婪 ⋯⋯⋯036

3. 独立思考，不盲目相信分析师和专家的意见 ⋯⋯⋯039

4. 牛市来了要淡定，宁可不投绝不滥投 ⋯⋯⋯⋯⋯⋯042

5. 保持谨慎，做好详细评估再购入 ⋯⋯⋯⋯⋯⋯⋯⋯044

6. 走出直观判断的误区 ⋯⋯⋯⋯⋯⋯⋯⋯⋯⋯⋯⋯⋯047

7. 止盈和止损同样重要 ⋯⋯⋯⋯⋯⋯⋯⋯⋯⋯⋯⋯⋯050

8. 安全边际——永不亏损的投资秘诀 ⋯⋯⋯⋯⋯⋯⋯053

9. 在买之前就知道何时卖 ⋯⋯⋯⋯⋯⋯⋯⋯⋯⋯⋯⋯056

10. 做好准备，未来总有无法预料的风险 ⋯⋯⋯⋯⋯058

11. 不迷信未卜先知，分析市场运作与预测市场是两码事 ⋯⋯062

12. 永远记住通货膨胀和利率的风险 ⋯⋯⋯⋯⋯⋯⋯⋯064

13. 盲目乐观是理性投资者的最大敌人 ⋯⋯⋯⋯⋯⋯⋯067

14. 不必对某一类股票持有偏见 ⋯⋯⋯⋯⋯⋯⋯⋯⋯⋯070

15.AI 变革、新能源的浪潮下怎么做投资 ⋯⋯⋯⋯⋯073

03 专长主义：专注熟悉领域

1. 划定能力圈，认识自己是最重要的投资 ⋯⋯⋯⋯⋯079

2. 找到你不擅长的事情，然后避开它 ⋯⋯⋯⋯⋯⋯⋯082

3. 投能理解的公司，不投看不懂的公司 ⋯⋯⋯⋯⋯⋯085

4. 挑选适合自己的投资工具 ⋯⋯⋯⋯⋯⋯⋯⋯⋯⋯⋯088

5. 给非专业投资者的忠告：想破产，用杠杆 ⋯⋯⋯⋯091

6. 主动远离那些难以解决的问题 ⋯⋯⋯⋯⋯⋯⋯⋯⋯094

7. 找出失败的原因，避免犯下大错 ⋯⋯⋯⋯⋯⋯⋯⋯096

04 价值主义：坚持价值投资

1. 投资的核心是研究公司的内在价值 ·············· 101

2. 一个优秀的企业比优质的价格更重要 ·············· 104

3. 不要贪恋"烟蒂股投资法" ·············· 106

4. 评估企业价值的计算公式 ·············· 109

5. 关注企业的持续盈利能力 ·············· 113

6. 投资具有持续竞争力的企业 ·············· 117

7. 企业的管理层也是决定投资成败的关键点之一 ·············· 120

8. 投资具有成本优势的企业 ·············· 124

9. 选择那些拥有充足现金流的公司 ·············· 126

10. 不要以股价波动来判断公司的价值 ·············· 128

11. 分析公司的业绩至少要看 5 年 ·············· 131

12. 对比特币说"不"，因为比特币不会产出价值 ·············· 135

05 集中主义：少即是多

1. 不要试图去分散投资风险 ·············· 141

2. 集中才能真正降低投资风险 ·············· 144

3. 集中大赌注的"坐等投资法" ·············· 148

4. 集中持有 10 只股票，而不是 100 只 ·············· 151

5. 股票越少，组合的业绩越好 ·············· 154

6. 当时机对你有利时，狠狠地下赌注吧 ·············· 156

06 长期主义：和时间做朋友

1. 耐心不仅是美德，更是财富 ·············· 163

2. 赚钱的秘诀不是买进卖出，而是等待 ·················166

3. 少于 4 年的投资都是愚蠢的投资 ·················169

4. 复利，长线投资获利的秘诀 ·················172

5. 挖掘值得长期投资的不动股 ·················175

6. 长期持有不等于死拿不放 ·················178

7. 错误的长线投资会带来损失 ·················182

8. 养成终身阅读的好习惯 ·················185

参考书目 / 189

前言

沃伦·巴菲特[①]和查理·芒格[②]被广泛认为是投资界的领导者，两人协作，仅用了几十年的时间就建立了一个庞大的金融帝国。他们究竟有哪些投资秘诀？我们不妨来一探究竟。

通过对他们诸多投资案例的解析可以看出，他们的成功，尤其是巴菲特的成功取决于常识主义、理性主义、专长主义、价值主义、集中主义、长期主义六个原则。

一提到投资，人们立刻就会想到金融学、经济学、会计学等金融类复杂的知识，但实际上，这些晦涩难懂的知识其实并没有那么重要。芒格曾说："想要做好投资，你只需要掌握一些通俗易懂的常识。"

无论是"通俗易懂"，还是"常识"，透露出来的都是两个

---

① 后文统称巴菲特。——编者注
② 后文统称芒格。——编者注

字——简单。投资本身并不复杂，股票分析、投资决策有时候越简单就越有效。比如，巴菲特在选股方面，喜欢选择业务简单的公司，在投资策略上，习惯以保住本金为核心。这些投资技巧看似简单，但在投资中却颇具成效。

事实上，阻碍投资者成功的从来就不是缺少技巧，而是个人情绪。尤其是涉及个人利益时，人们的情绪难免变得冲动，而这种不理性恰恰是投资的大忌，会对投资决策产生不利的影响。巴菲特认为投资者必须时刻保持理性，以独立思考屏蔽外界传来的声音，以谨慎、果断的态度面对喜怒无常的股市，做到及时止损和止盈。如此，才能让自己在投资路上走得更远。

巴菲特告诫投资者一定要在自己的能力圈内行事。所谓能力圈，是指投资者自身能力所能到达的范围。简单来说，就是投资者能够真正理解自己能力圈内的所有事物，不管别人怎么说，也不管价格如何波动，都不影响判断。能力圈外的就是自己没有把握的事物，不敢轻易下结论，也不能轻易投资。

"投资自己能看得懂的企业"是巴菲特的投资技巧之一，仅这一个原则，就能过滤掉股市中 90% 的股票。投资者如果能够理解企业，对企业的估值，对股票的判断将更为准确。除此之外，巴菲特还强调了一点，投资者必须诚实地看待自己的能力圈，有时候知道自己的能力圈边界要比能力圈的大小更重要。因为，只做有把握的事更容易把控风险。

大多数投资者在投资中往往借助直觉。实际上，价值投资理论为所有投资者提供了一个可行的逻辑，而巴菲特恰恰是价值投资的行家。他非常重视股票背后企业的内在价值。市场是波动的，但企业的内在价值是稳定的，当一只股票被市场轻视时，投资者就得到了一个很好的投资机会，可以静静地等待股票价格回暖到与其内在价值相近时再投资。

此外，巴菲特在价值投资中偏爱集中投资和长期持有两种方式。集中投资是指，将有限的资金投入到少数优质的企业中。当投资者对企业的内在价值进行评估，得到很高的确定性后，集中投资可以有效降低投资风险，并实现投资收益的最大化。而长期持有则能杜绝频繁交易可能引发的风险，同时还能充分享受企业的成长红利，获得稳健的投资回报。

本书通过对巴菲特投资成功的六个原则进行深度解析，并结合投资案例，让读者深入了解其投资理论及投资思维，为自己的投资之路保驾护航。

01

常识主义：越简单越有价值

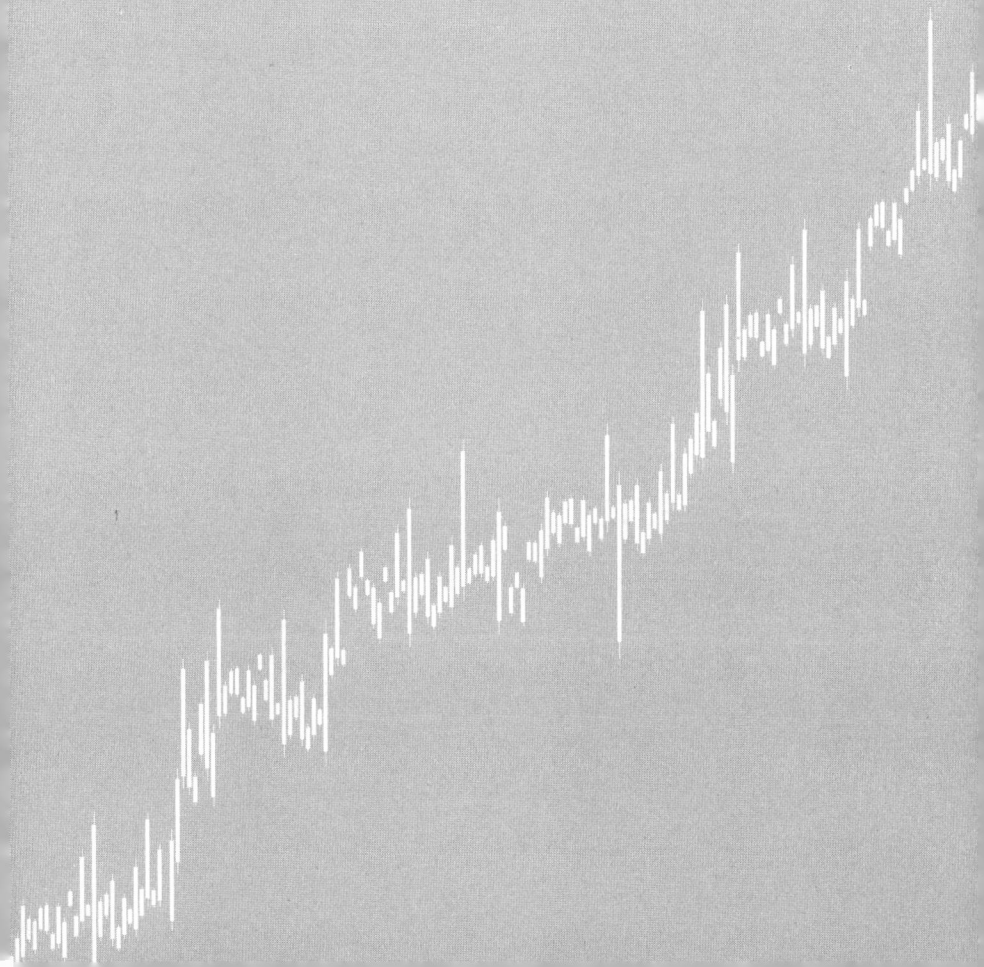

巴菲特说："作为投资者，我们要做的事情很简单，就是以合理的价格买进一些业务简单易懂又能够在 5 年至 10 年内持续发展公司的股票。"他擅长将复杂的金融投资和资本交易简化为"买进并持有"，以最简单的方式取得最好的投资效果。

1. 投资自己是应对通货膨胀最好的方法

2022 年，在伯克希尔·哈撒韦公司①的年度股东大会上，有投资者询问巴菲特，如果需要选择一只股票来应对通货膨胀，选哪一只最合适？巴菲特回答说，抵御通货膨胀最好的投资，就是投资自己。

对投资者而言，任何投资都无法确保成功，通货膨胀、意外

① 后文统称伯克希尔公司。——编者注

事件等因素给投资带来太多的不确定性。但一个人的能力是稳定的，一般不会因外部因素而改变。

没有人是天生的投资大师，一路走来，巴菲特从未停下学习的脚步，他通过跟随不同的人进行学习，持续不断地提高着自己的赚钱能力。

在 2020 年，巴菲特因学习制作 PPT 登上了热搜。任谁都无法想到，一个 90 岁高龄，身家百亿的富翁，居然还在为这种小事耗费精力。但巴菲特给出的解释很简单，他表示学习制作 PPT，只是为了让自己更好地适应疫情下的工作方式。

巴菲特的搭档芒格在投资中用于分析和评估的"多元思维模型"是跨学科学习的结果，他的跨学科学习，就是对自己的投资。大多数人在学习过程中会培养一个学科的思维模型，他们习惯只用一种方法来解决所有问题，很容易陷入锤子倾向，即"手里拿着锤子，看什么都像钉子"，这是一种灾难性的思考方式。在芒格看来，任何人都不可能在一个知识领域里发现世间的全部智慧。对投资者而言，在遇到不同的企业时，必须检查不同的因素，应用不同的思维模型，才能真正了解这些企业。

因此，芒格强调说："长久以来，我坚信存在某个系统——几乎所有聪明人都能掌握的系统，它比绝大多数人用的系统管用。你需要的是在你的头脑里形成一种思维模型的复式框架。有了这个系统之后，你就能逐渐提高对事物的认识。"

巴菲特和芒格两人深知学习对一个人的重要性，这是对自己最好的投资。学习能够让人保持旺盛的好奇心和求知欲，同时也能不断调整自己的知识结构和认知模式，以便更好地适应不断变化的环境和需求，从而拥有更多选择的机会，提高自己的竞争力和影响力。

最重要的是，巴菲特认为一个人必须保持持续的学习能力，一旦放弃学习，就很容易被淘汰。一个人只有不断学习，才能具备个人竞争力。

巴菲特和芒格两人的终身学习给他们带来了巨大的回报，他们不仅通过不断学习形成了自己独特的投资理念和方式，成为世界上最优秀的投资者，还通过分享知识，赢得了世界范围内广泛的尊重和赞誉。就像芒格说的："如果没有几十年来不断地学习和提高，我和巴菲特掌管的伯克希尔公司不可能取得今天这样的成绩。"

巴菲特在投资能力上的不断精进，虽然无法阻止市场风险对投资造成亏损，却能够最大限度降低自己的亏损，不至于让财富跟随股市的泡沫一同破碎。同时，在股市震荡之际，他还能找到一些绝佳的投资机会，获得巨大的收益。

投资者在提升投资能力时，不妨为自己找一位好老师，相较于其他自我提升的办法，拜访名师更有效率。投资者在面对投资市场时，最缺少的就是经验，尤其是一些投资新人，最大的症结往往是不知道学什么，从哪里开始学，很容易走弯路。可如果有一位在股市投资多年的老师引路，他们就能系统地了解投资的知识和理论，同时，关于投资的疑问，也更容易得到答案，远比自己摸索得出结论要快得多。

此外，学习投资和学习其他知识或技能最大的区别在于，投资存在一定的风险，会使投资者遭受损失。如果投资者通过鲁莽尝试来让自己获得经验教训，不知要亏损多少资本才能找到问题的答案。

千万不要放弃学习，通过不断学习得来的能力和智慧，将是我们一生的财富，是任何人都无法剥夺的。

2. 坚决牢记：避免风险，保住本金

巴菲特曾经说过，投资有两条原则，第一条原则是保证本金安全，永远不要亏损；第二条原则是牢记第一条。他表示投资者必须要有明确的风险意识，避免风险，保住本金，再谈收益。

初入股市的投资者免不了心潮澎湃，时不时地幻想自己有一天能够豪赚千万元，可投资的第一门课从来都不是如何赚钱，而是如何避免亏损，或者以最小的代价换取最多的投资经验。尽量保住本金是每一位投资者都需要优先考虑的事情，连巴菲特也不例外。

1986年，所罗门兄弟公司遭遇危机，掌门人约翰·古弗兰向巴菲特求助。两人相识于盖可保险公司事件，约翰·古弗兰曾帮助盖可保险公司渡过难关。当见到老朋友的公司遭到竞争对手恶意收购时，巴菲特决定伸出援手。

两人在商讨投资的细节时，约翰·古弗兰详细地介绍了所罗门

兄弟公司的经营前景及股票的升值空间。但是，巴菲特认为只是单纯地购买普通股对自己而言太过冒险，他更希望投资一种可转换优先债券，要求 9% 的利息回报并让自己和芒格分别占据一个董事席位。这个要求在当时看起来的确有些苛刻，但鉴于巴菲特在投资界的声名，对方还是愿意相信他。

于是，1987 年，巴菲特向所罗门兄弟公司一次性投资了 7 亿美元，这是他自投资以来最大的一笔交易，不过他认为这笔交易的风险并不高。

巴菲特的自信源自华尔街金融创新的产物——可转换优先债券。它是一种特殊的企业债券，可转换成普通股，也可以长期持有，直至偿还期满。简单来说，可转换优先债券所带来的是债务关系，等同于公司向投资人借钱，是需要偿还本金、支付利息的，而且受到法律的保护。这种债券虽然在收益上低于普通股，但投资风险较小，一旦公司破产，进行资产清算时，持有可转换优先债券的投资者将享有优先偿还的权利。

选择可转换优先债券意味着给投资的本金加上了一层保险，只不过巴菲特还是小瞧了所罗门兄弟公司内部的腐败程度。一个交易经理屡次进行违规操作，而公司内部却视而不见，直到丑闻曝光，巴菲特才得知了这一消息。受丑闻影响，公司的股价狂跌，信誉摇摇欲坠，而且财政部取消其参加债券竞标的命令更是让形势雪上加霜。

当时，所有人都希望巴菲特能出任董事长，来帮助所罗门兄弟公司破局，可搭档芒格对此表示强烈的反对，芒格不希望巴菲特辛苦积攒的名声毁于一旦。巴菲特经过一番思索，毅然决然地接过了这个烂摊子，他终日游走于监管者、媒体、高管、职员、客户和债权人之间，不断地游说和解释，耗费了无数心血，终于挽救了所罗门兄弟公司，同时也让自己避免了亏损。

不过，巴菲特还是将这一笔投资视为错误的投资，在 1995 年致伯克希尔公司股东的一封信中，他写道："虽然投资所罗门最后的回报率高于固定收益证券投资，但如果加上查理[1]和我本人在这笔投资中所花费的心思，我们的回报和付出实在不成正比。当然，我也没有料到自己在 60 岁的年纪，还会因一笔固定收益证券的投资，接下担任所罗门临时董事会主席的新工作。"

巴菲特在面对 7 亿美元的天价投资时，每一步决策都在尽量保证自己本金的安全。因为，他深知在投资中本金和收益的关系。普通投资者一般更关心收益率，他们觉得只要收益率够高，自己就能赚得更多。可事实上，在整个投资过程中，本金的重要性是远远高于收益率的，所谓的盈亏参半也不是简单的收益率和亏损率相同。

比如，一个投资者的本金为 10 万元，他在投资股票时不幸买到了垃圾股，以至于本金亏损了 50%，剩余 5 万元。此时，若想要将本金恢复到最初的水平，下一笔投资收益率需要达到 100% 才行，否则即使盈利，也需要连续的投资盈利才能将本金恢复到最初水平。

---

① 此处指查理·芒格，后文引用对话中，查理皆指查理·芒格。——编者注

如果投资者第一笔投资的亏损达到了 80%，那么后续一笔投资即使收益率达到 160% 都无法恢复最初的本金水平，只有收益率达到 400% 才行，而如此高的收益率在投资市场中是罕见的。

巴菲特虽然强调"避免风险，保住本金"，但这并不意味着投资不可冒险，由于利润和损失息息相关，不冒险就意味着永远赚不到钱。投资者需要做的就是在正确的时间做正确的事，尽自己最大努力让盈利成为结果，而不是将本金随意撒进投资市场中，任由运气决定投资的成败。所谓"正确的事"，就是在保住本金的前提下，考虑如何赚取收益。

投资就像是一场马拉松比赛，跑得快固然重要，但更重要的是顺利达到终点，否则即使跑得再快，中途因体力耗尽而被迫退赛又有什么意义呢？谨慎、稳定，一步一个台阶才是投资最好的方式，只有保证本金的安全，投资者才能一直活跃在股市中，成为最后的赢家。

这就要求投资者在投资之前必须熟悉自己投资的产品并控制风险，坚持保住资金的原则，选择适合自己的投资产品，才能实现盈利。

3. 绝不借债炒股

在投资中赚取巨额收益，一方面靠的是出色的投资策略，另一方面还要有充足的资金。可对于普通投资者而言，资金不充足始终是一个薄弱项，一些人为了追求高利润会选择借债炒股。但是，孤注一掷的投资方式往往伴随着足以毁掉自己人生的风险。

芒格反对借债炒股，巴菲特更是表示：借钱买股票的人都是疯子。因为，借钱炒股的风险不仅在于投资失败会导致投资者们陷入经济危机，还在于当投资者拿着借来的钱去炒股，总是想着赚了钱立即去还债，同时也会非常害怕投资失败，在无形中增加了炒股的压力。一旦股市行情不好，投资者的压力就会越来越大，严重时会影响到心理健康。

但是，在现实生活中，如果有可能获得一个100%获利的投资机会，大多数人都会毫不犹豫地尽自己最大能力增加投入，为了一次性赚个盆满钵满，不惜借债。但问题在于，这种100%赚钱的机会并不存在。看起来稳赚不赔的买卖，都有可能赔个精光，何况是在瞬息万变的股市！股市无常，没有人能料定一切，所以要把风险控制在可控的范围内。

借债带来的心理压力不仅会让人变得急于求成，还容易让人的心理防线彻底崩溃。投资者借债一般有熟人借债、银行借债、民间渠道借债三种方式，无论哪一种借债方式，在投资失败后都会给自己带来麻烦。

熟人借债考验的是人情关系，但任何人难免会出现急需用钱的时候，一旦投资者无法在对方出现需求时及时偿还欠款，再深厚的关系也会随着一次又一次的拖延而变淡。同时，投资者在熟人圈的名声也会因此变差，从而给自己造成很大的心理压力。

银行借债需要抵押，房子、车子等高价值的物品都可能成为抵押物。如果投资失败，投资者不仅要承担债务，征信受到影响，令以后的借贷变得异常困难，抵押的物品也会被强制没收，使正常的个人或家庭生活遭受巨大的冲击。

民间渠道借债的最大弊端在于利息，过高的利息会让投资者承担高额债务，即使投资获利，可能也无法获得太多的收益。一旦失败，更加得不偿失。

如果投资者仅用自己的钱进行投资，即使失败也在自己的承受范围内，最坏的结果就是把多年的积蓄搭进去。但借债就不同了，如果把别人的钱赔进去，而自己倾家荡产也还不上，那就很容易令投资者走上绝路，这就是很多投资者在借债投资失败后选择自杀的原因。

另外，借债投资也会大大增加投资风险。一般来说，借债投资的人投机心理都比较重，在债务的压力下，他们往往更容易选择一些高收益的投资，期望在偿还债务的同时，还能大赚一笔。因此，他们在选股时就会非常冲动，甚至盲目。对极高回报率的执着，会蒙蔽他们的双眼，让他们看不到存在的风险，或者干脆忽视风险的存在，容易带着赌徒心理进入股市。

事实上，同时具备高收益和确定性的投资机会可遇不可求，而投资者在投资风险和债务的双重压力下，又不得不尽早决策，这就会进一步增大风险。

巴菲特说："在投资中，就算再令人心动的数字，如果将它乘上一个零，结果也只能是零。"投资的目的是盈利，如果投资失败，就无法获得回报。此时，投资者的借债就会成为自己的负担。

　　借债投资是一条不归路，就连一些原本经济实力雄厚的人，也会因借债投资而陷入万劫不复的境地，更何况是普通的投资者。

　　在投资领域，保守投资永远不会过时，投资和赌博其实只有一步之遥，有把握、有计划地进行资金投入，就是投资，而利用借债来强行追求收益的行为无异于赌博。因此，投资者无论是面对存在大把机会的熊市，还是面对一只只股票蒸蒸日上的牛市，都要谨记："千万不要借钱炒股。"

4. 选择业务简单的公司，避免业务复杂的公司

　　在几十年的投资生涯中，巴菲特发现越是具有持续竞争力的公司，它们的业务往往就越简单，因此，投资者在选择投资的公司时，一定要警惕那些业务过于复杂的公司，将注意力全部集中在业务简单易懂的公司上。

　　1996 年，巴菲特在致伯克希尔公司股东的一封信中写道："作为投资者，我们要做的事情很简单，就是以合理的价格买进一些业务简单易懂又能够在 5 年至 10 年内持续发展公司的股票。虽然这样的公司并不常见，可当我们真正遇见它们时，一定要尽量多买一些份额的股票。"

　　在判断一家公司是否值得投资的问题上，巴菲特给出了两个标准：业务简单易懂和拥有持续的盈利能力。

　　在巴菲特看来，业务简单意味着该公司几十年来只专注于一

个领域，它的全部时间和精力都会放在改善生产技术、生产设备和服务上。通过不断精进，它的产品自然也会变得更加优秀，为公司带来非凡的业绩。更重要的是，长时间深耕于一个领域，会让公司拥有很好的声誉，甚至占据市场垄断地位。这类公司的前景必然非常理想。

巴菲特投资的大多数公司都散发着"简单且强大"的味道，比如，可口可乐、吉列、健力士等公司。以可口可乐为例：可口可乐公司先采购原材料制成浓缩液，再将浓缩液卖给装瓶商，然后装瓶商将浓缩液进行混合制成可口可乐，最后卖给零售商。就是这样简单的业务，每年都会给可口可乐公司带来巨额的利润，即使在 2008 年遭受金融危机时，可口可乐的利润依然很高。

当公司的业务太过复杂时，很容易带来不可预测的风险。2008年爆发的金融危机恰恰证实了巴菲特的判断，在致伯克希尔公司股东的一封信中，巴菲特强调"类似担保债务凭证这种过于复杂的金融衍生产品，是导致金融危机的罪魁祸首之一"。担保债务凭证这类产品，如果投资者想要理解它的业务内容，至少要阅读大约75 万字的报告，即使投资者有足够的耐心，恐怕也很难完全理解其中的意思。

巴菲特和芒格两人一致认为金融机构将某些商业操作设置得过于复杂了，以致政府监管部门无法及时制止这种缺乏控制的行为，进而导致金融危机的全面爆发，使全球的金融机构遭受了巨大的损失。

早年间，巴菲特曾接触过类似的业务报告，一家金融机构提供的报告内容主要是介绍具体的操作过程。可是，这份报告一共 270 页，巴菲特一边阅读，一边将自己的问题列在一旁的白纸上，等看完整篇报告时，他记录问题竟然用了整整 25 页白纸。最后，他再也没有耐心去解决这些问题，放弃了购买该股票的想法。

在巴菲特看来，当一项业务的不确定因素过多时，该业务的投资成功率就会很低。如果一项业务只有一个不确定性因素，该因素的成功率为 80%，那么该业务的投资成功率就是 80%；如果一项业务有两个不确定性因素，两个因素的成功概率都是 80%，那么投资成功率就降低到 64%。以此类推下去，当不确定性因素越多时，那这项业务的投资成功率就越低。巴菲特不喜欢投资高科技股，就是因为他感觉高科技股不确定性因素太多了。

一家值得投资的公司，不光是要业务简单易懂，还要有稳定经营的能力。在巴菲特看来，如果一家公司拥有持续的、可预测的盈利，投资的风险即使无法消除，也会大大降低。可当它无法将简单的业务处理得出色时，那么，它同样不符合投资的标准。

1998 年，伯克希尔公司打算投资一个锌金属回收项目，该项目主要是将地热发电产生的卤水中的锌提炼出来，再进行回收。巴菲特本来非常看好这个项目，业务简单，利润率也高。可等到真正操作投资的时候，发现问题层出不穷，刚刚解决完一个问题，马上就会出现另一个问题。面对这种情况，巴菲特果断放弃了这个项目。

5. 想赚多少先看会赔多少

有些人在开始投资之前，就想着自己能赚多少，殊不知投资市场具有很大的不确定性，盈利并不是唯一结果。高明的投资者往往先考虑自己会亏损多少，以合理的决策来面对市场的变化，从中获利。

投资市场中的不可预知因素有很多，亏损更是常有的事，即使有"股神"之称的巴菲特每次投资也会做好亏损的准备。

巴菲特说："我喜欢投资，所以我热衷于计算。我在计算每项投资能赚取多少利润之前，首先会计算自己能够承受多少的损失。"投资者只有对亏损做好心理准备，才能在形势急转直下时依然保持冷静，并根据事先推算的亏损范围做出正确的决策，要么加大投资，扭转危局，要么断尾求生，及时止损。

对盖可保险公司的投资，被巴菲特视为自己最复杂的一次投资运算。巴菲特一开始为盖可保险公司投资了 4500 万美元，不久之后，该公司就开始出现巨额亏损，股价一路狂跌至每股 2 美元。

面对股价断崖式下跌，巴菲特心中也难免产生了一丝迟疑，不过好在事先已经对这次投资进行了周密的计算，圈定了可接受的亏损范围。此时，巴菲特认为盖可保险公司还没有到山穷水尽的地步，仍有出现转机的可能。

之后的一段时间里，盖可保险公司的亏损还在持续，但依旧没有触及巴菲特预想中亏损的底线。巴菲特看准时机，先后又追加了 1 亿多美元的投资，终于帮助盖可保险公司扭转了经营状态，转亏为盈。

在整个投资过程中，投资亏损的最高值达到了惊人的 6000 万美元，而且盖可保险公司的经营状态长时间低迷。伯克希尔公司的股东们对这次投资感到深深的恐惧，可巴菲特已经做好了亏损的准备，同样也知道未来会获得更大的收益。

在金钱面前，很多人都难以控制住自己的贪念。当股价按照自己的预测上涨时，投资者心中的贪念随之骤升：希望这次投资能够给自己带来更多的收益。可一旦股价急转直下，投资者就会陷入两难的境地：及时止损会担心股价再上涨，蛰伏等待又担心股价持续下跌，此时手中的股票就像是一块鸡肋，食之无味，弃之可惜。

实际上，投资中的大额亏损往往都源自这种犹豫不决的心态，一旦亏损超出自己的承受能力，仍不肯及时脱手，在犹豫等待中就会越陷越深。

2023 年，在伯克希尔公司年度股东大会上，巴菲特再次强调了投资决策中理性和情绪管理的重要性。之所以建议投资者们在投资之前，先考虑赔多少而不是赚多少，就是希望通过敲定亏损范围，使投资者们在决策时有据可依，低于亏损范围时就静静等待，超出亏损范围就及时收手，最大限度降低情绪因素的干扰。

1989 年，巴菲特向吉列公司投资了 6 亿美元，这笔钱帮助吉列公司摆脱了频繁的恶意收购，重新焕发生机。一开始吉列的发展势头很猛，股价持续攀升，可紧接着股价就迎来了长期的下跌，一些股东争相抛售手中的股票以规避风险。但巴菲特什么也没有做，只是耐心等待股价回涨，因为吉列公司此时亏损的程度依旧在他的承受范围之内。

巴菲特非常看好吉列公司的未来，用他的话来说："每当在晚上入睡时，一想到明天早晨全世界会有 25 亿男人不得不剃须的时候，我的心头就一阵狂喜。"果不其然，后来吉列公司被宝洁收购，公司的股价暴涨，巴菲特所持有的股票总市值更是达到了 51 亿美元。

大多数投资者在进行投资交易时，总是会被股价的波动影响情绪。为自己的亏损预设一个范围，理智地看待股价的波动，剩下的交给市场就好了。

6. 投资不是投机，更不是赌博

在大多数人眼中，投资无非是低价买进股票，再高价卖出，然而事实证明，这种投资方式并不能长久获利。在巴菲特看来，投资不是投机，想要凭借投机赚取巨额的财富需要逆天的运气，这对于常人来说是根本不可能的。

在投资市场中，投资和投机虽只有一字之差，却有着天壤之别。巴菲特表示："投资者关注的是企业的资产，而投机者关注的是价格走势。"由此可见，两者最大的区别在于关注对象，前者针对的是股票或企业，而后者针对的是影响价格走势背后的投资群体。

关于投资和投机，投资界的大师们都有各自的观点。本杰明·格雷厄姆是价值投资的奠基人，他推崇以企业价值评估为核心的投资策略，在他的经典著作《证券分析》面世时，著名股评家杰拉尔德·勒伯也出版了一本畅销书《投资生存战争》，书中的观点则与格雷厄姆截然相反。由于经济危机的关系，道琼斯指数曾出现过多次断崖式下跌，这让勒伯认为根本就没有人能搞清楚一只股票的价值，因此，他表示："投机是有必要的，目的是预测股票的未来走势，从而提前做出行动。"

后来，格雷厄姆对勒伯口中的投机进行了自己的解释，他表示投机在本质上属于一种心理博弈，即股民 A 试图通过判断股民B、C、D 的投资决策而行动，而同样股民 B、C、D 也在参考其他所有股民。基于一个最浅显的道理：股价下跌时抛售，股价上涨时买进。投资者只需将股票看作一件商品，只要有人来接手，赚多赚少都是无所谓的，可问题在于谁也无法保证自己不会成为最后一个接手的人。

巴菲特在投资之初，使用过所有的投机技巧，比如，内幕消息，制作走势分析图等，不过等接触到价值投资理论后，他顿时醍醐灌顶，从而放弃了猜测其他投资者心理的投机做法。

在面对股市中的"投机狂潮"时，巴菲特不为所动，并在日记中写道："投机的做法与我的分析判断背道而驰，更不符合我的投资风格。我不会拿自己的钱去做任何这种方式的投资。"

巴菲特的儿子彼得回忆，巴菲特非常喜欢电影《海底两万里》，他在投资中的所作所为就像是那位爵士乐大师在寻找"属于自己的声音"一样，都需要缜密的推理。这种投资方式所体现的是一种纯粹的理性美，如果无法亲眼看见一家企业，巴菲特是不会轻易投资的，即使一些专家或管理者信誓旦旦地做出某些保证，但在他看来这种保证形同虚设。只要对一只股票背后的企业没有理解透彻，巴菲特就会本能地认为自己是在投机，而不是投资。

巴菲特不喜欢短期投资，其中一个原因是短期投资看起来和投机没有什么区别。他曾表示：进行短期投资的投资者，只想赶在大量散户买卖股票之前做出短期的估价判断。他们所关心的并不是一项投资能带来多少真正的长期价值，而是在众多心理因素的影响下，三个月或一年之内市场会如何评估投资的价值。

在巴菲特看来，股票投资绝不是简单的"低买高卖"，而是对发行股票的上市公司进行全方面的研究和分析，在保证本金安全的前提下做出谋取充分回报的行为。关于投资的定义，他从三个方面进行了详细的阐述。

第一，投资是投资者在理性分析的基础上所做出的行为。投资市场中充斥着各种各样的传言，投资者听信这些传言，并在此基础上进行预测和判断，从而做出的投资行为，只能称得上是投机，而并非投资。

第二，投资需要确保本金安全。投资的风险系数很高，任何不顾风险的投资行为都属于投机。对于投资而言，保证本金的安全才是第一位，其次才是盈利。

第三，投资需要保障回报率。投机行为与赌博无异，过程刺激，结果却存在较高的不确定性。而投资需要拥有一定的确定性，并不能靠运气实现盈利。

巴菲特能够在投资界大放异彩，其中，自律和冷静起到了重要作用。同时，对投资的正确认识并保持客观的态度，也是他在投资中无往不利的原因之一。

7. 坚持不犯傻就是最大的聪明

投资逻辑一般是只要学习足够多的投资案例和理论，就能有效提高自身投资的成功率。但巴菲特和芒格的投资逻辑却和普通投资者截然相反，他们认为在投资中，只要坚持不犯傻，就能获得巨大的优势。

所谓不犯傻，可以理解为主动去寻找那些投资中的愚蠢行为，然后尽力避开它们。芒格解释说："很多问题都是通过逆向思维解决的。"在他看来，很多问题如果用逆向思维来解决，就会简单得多。

2004 年，在伯克希尔公司股东大会上，一名年轻的股东询问巴菲特，如何才能在生活中取得成功？在巴菲特分享完自己的想法后，芒格突然插话说："别吸毒，别乱穿马路，染上艾滋病。"在场的很多人都认为这是一句玩笑话，它却反映了芒格人生中避免犯错的特殊方法。

早在 1986 年哈佛大学的毕业演讲中，芒格就对人生幸福的话题使用逆向思维给出了答案。他没有谈及如何才能获得幸福的人生，而是给出了一张保证生活痛苦的药方：

反复无常；

不吸取他人的教训；

遭遇失败时意志消沉；

不了解新鲜事物。

在他看来，无论多么聪明、多么幸运的人，只要服下这四味药，生活一定会变得痛苦不堪。

因此，无论是在投资上，还是在生活中，芒格一般不会去想他要怎么去做，而是先思考自己应该避免什么，然后再考虑接下来的行动。如此一来，他就能最大限度避开生活和投资中无益的部分，将大量的时间和精力集中在最有利可图的方面，从而获得巨大的收益。

与那些认为自己永远正确的人相反，芒格更愿意去证实和承认自己的错误，从中吸取教训，并在后续的投资中避免这些错误。他表示："如果说伯克希尔取得了不错的发展，那主要是因为沃伦①和我非常善于破坏我们自己最爱的观念。哪一年你没有破坏一个你最爱的观念，那么你这一年就白过了。"

投资盈利的途径有很多条，有的人通过低买高卖，频繁交易盈利；有的人通过长期持有，逐步积累盈利；还有的人通过冒险抄底，绝境翻盘盈利……没有人能总结出一种固定的、稳赚不赔的方法。但是，投资失败者大多都犯了一些相同且致命的错误，

---

① 此处指沃伦·巴菲特，后文引用对话中，沃伦皆指沃伦·巴菲特。——编者注

如果在投资中尽力去避开这些错误，就一定能获得成功，尽管有时候会需要花费更多的时间。

此外，避免犯错会让投资者变得更加谨慎，不会因盲目自信去挑战未知的风险。芒格曾说："给你带来麻烦的往往并不是坏主意，而是好主意。"他强调了人们在面对好主意和坏主意时的不同心态。

如果是"坏主意"，人们会变得谨小慎微，生怕做错一步，让自己受到伤害。可如果是"好主意"，人们往往会放松对风险的警惕，在美好愿景的刺激下做出一些激进的行为，让自己遭受可怕的后果。对此，芒格表示："我最反对的是过于自信、过于有把握地认为自己的某次行动是利大于弊的。你要应付的是高度复杂的系统，其中，任何事物都跟其他一切事物相互影响。"

对于投资者来说，仅仅一个"避免犯傻的体系"就能帮助他们超越很多人，无论他们有多么聪明，多么幸运。

跟随大多数人的选择进行投资，得到的结果只会和他们差不多；承认自己的无知；不要愚弄自己，而且要记住，你是最容易被自己愚弄的人；记住浅显的好过掌握深奥的；别"爱上"投资项目，要依情况而定，照机会而行……都是避免犯傻的方法。

投资者一定要明白坚持不犯傻就是最大的聪明，这样一方面能够把问题变得简单，另一方面也可以避免一些潜在的巨大风险。当投资者想要实现投资目标时，不妨先思考一些成功路上的阻碍，拓展自己的思路。只要坚持不做错事，距离成功就会越来越近。

8. 将精力和资金集中在最看好的投资项目上

在股市中，一些投资者总是将投资失利的原因归结为缺少绝佳的投资机会。可事实上，投资失败并非因为机会太少，反而是因为机会太多，投资者被平庸的投资机会耗费了太多的资金、时间和精力。在筛选股票时，只有放弃平庸的投资机会，将精力和资金集中在自己看好的股票上，才能让自己大赚一笔。

芒格说："我之所以能有今天，靠的就是不去追逐平庸的机会。"他一生中只重仓了伯克希尔、好市多、李录基金三家公司的投资，但仅仅这三笔投资就为他带来了数不尽的财富。以伯克希尔公司为例，1965 年，伯克希尔公司由纺织企业转型为投资企业，芒格正式加入公司，担任副董事长，共持有 2 万多股伯克希尔 A 股，每股价格在 12 美元左右，占股 0.62%，如今伯克希尔公司的股票价格达到了每股 60 多万美元的天价，是全球范围内最贵的股票之一。

事实证明，即使投资者们不停地买进卖出，积累收益，在 60 年的时间里，他们所获得的收益也无法赶超这一笔投资。这也侧面反映出一只优质股票的潜力，要胜过很多平庸的股票。

关于放弃平庸的机会，巴菲特和芒格喜欢用同一个例子进行解释：美国有一个职业棒球手叫泰德·威廉斯，他 19 次入选全明星，并被选入棒球名人堂。后来，他在自己的著作 *The Science of Hitting*（可译为《打击的科学》）一书中解密了自己的棒球技巧：不是每个球都打。如果有些球打起来很困难，不容易上垒，还要坚持打的话，成功率会大大降低。

投资也是如此，如果投资者放弃追逐那些看起来不怎么样的机会，专心等待重要机会的到来，就更容易获得成功。

巴菲特曾表示，自己的投资行为并没有超过普通人的能力范围，他之所以能成功，自身强大的自制力起到了至关重要的作用。与巴菲特相比，很多投资者的问题就在于缺乏自制力，只要遇见觉得差不多的投资机会，就会忍不住出手。可也因为投资过于频繁，导致他们的资金被这些不怎么样的投资机会占据，当遇到绝佳的投资机会时，反而没有能力再去投资。

频繁的投资会带来很大的问题。

在行动上，资金被分散在很多投资项目中，即使遇到一个绝佳的投资机会，也无法动用全部的资金去赚取巨额收益，甚至还可能因为手中没有剩余资金而眼睁睁地看着机会从身边溜走。

在精力方面，一方面是分析多个投资项目会消耗大量精力，另一方面如果所投资的企业发展出现问题，投资者还需要花费额外的精力去帮助企业重新回到正轨，然而，投资者付出了精力，最好的结果也只不过是获得预想的收益。反之，如果置之不理，企业发展急转直下，投资者就只能看着自己的投入一点点消失。如果投资者总是在帮助企业恢复经营状况，他们就没有时间去挖掘更优秀的投资项目，抓住绝佳投资机会的概率也会越来越小。

在心态上，投资者会因投资收益和付出不成正比，以及错过绝佳投资机会，而变得越来越急躁。投资者失去耐心后，自然也无法保持专注，在投资中就更容易犯错。如此往复会形成一个恶性循环。

在成长中，如果投资者一味追求平庸的投资机会，那他们不过是在重复以往的经验和教训，甚至还无法避免错误再次发生。自身对于投资的理解和格局始终得不到提升，转来转去依然是初级的投资者。

股市中从来都不缺投资机会，而投资者也总会碰到各种各样平庸的机会，但对于投资者来说，越早发现平庸的投资机会，就越容易放弃对平庸机会的投资。

在投资中，赢家往往都是有选择地下注。根据巴菲特和芒格的经验，他们投资时习惯用泰德·威廉斯的方式，将面前的机会逐一分析，找到最佳的击球位置，一旦没有"好球"，就一直等待下去，直到好球出现。

9. 好的习惯是投资成功的关键

习惯是一种逐渐养成而不易改变的行为，能潜移默化地影响人的思维和行动。在投资领域，好的习惯会使投资者在决策时变得游刃有余，巴菲特就曾坦言："是习惯的力量让我完成了巨额财富的积累。"

芒格在演讲中经常提到飞行员的检查清单，他表示："聪明的飞行员即使才华再过人，经验再丰富，也会使用检查清单。"每一名优秀的飞行员都拥有一张很长的检查清单，每次起飞前都会按照清单中的内容逐一检查，以确保航行的安全。

　　检查清单的目的是避免犯错，而投资最重要的恰好也是避免犯错。巴菲特和芒格两人在漫长的投资生涯中早已将检查投资清单变成了一种习惯，或者说形成了一种独有的思维方式。

　　1997 年，在伯克希尔公司股东大会上，巴菲特简单阐述了选股的过程，并将这个过程称之为"过滤"。他表示："我们大脑中拥有一些这么多年来形成的过滤器，虽然它们不完美，可能会遗漏一些重要的东西，但是它们的效果还是很不错的。它们的效果和我们聘请专家，花几个月的时间做各种各样研究的效果一样好。因此，我们真的可以在 5 分钟内告诉你，我们是否对某些东西感兴趣。"

　　巴菲特常用的"滤网"有四层。

　　第一层"滤网"：我有没有可能弄懂它？对于业务难懂的企业，巴菲特一直保持着敬而远之的态度。经过筛选，很多选项都会被过滤掉，也许会因此错过一些绝佳的投资机会，但在巴菲特看来，这样的机会并不在自己能力圈内，赚不到钱是理所应当的事情。

　　第二层"滤网"：企业是否具备长期竞争优势？持续的竞争优势是企业内在价值的体现，企业必须具有稳定发展的潜力。芒格也有相同的看法，他表示："我们并不期望公司能够直线快速发展，只要价格合适，我们也能接受周期性的发展。"

　　第三层"滤网"：企业是否优于已持有的企业？在投资中，机会成本也非常重要。当一家企业的竞争力和未来发展比不上自己持有的企业，就不必再在这上面花费心思，放弃已知的优秀企业而选择一家实力稍逊的企业是一个不明智的选择。

第四层"滤网"：管理者的品质。巴菲特和芒格两人非常重视企业的管理者，用巴菲特的话来说就是："你永远不可能和一个坏人达成好的交易。"关于管理者的品质，巴菲特认为他们不仅要懂得如何经营企业，还要懂得如何分配资本，同时还能为投资者提供优秀的回报。

实际上，类似的"过滤网"还有很多，总之，经过层层过滤，剩下的必定是几家极其优秀的候选企业。而对于这些企业，巴菲特和芒格仍不会急于投资，还要经过更加细致的筛选，比如，目前的价格和成交量是多少？交易行情如何？经营年报何时披露？是否存在其他敏感因素？是否存在随时退出投资的策略？用来买股票的钱现在或将来有更好的用途吗？诸如此类。

由此可见，他们两人花在思考上的时间，远比花在行动上的时间要多得多，也正是这种投资习惯让他们在人生和事业的决策上几乎从不犯重大错误，取得了很多令人艳羡的投资成就。

10. 坚持正直和善良，路会越走越宽

在投资中，一些人为了快速致富，经常投机取巧，甚至会做出一些损害自身信誉的行为。巴菲特认为，这种牺牲非常不值得，投资者只有坚持正直和善良，投资之路才会越走越宽。

关于股票交易，芒格曾讲过这样一个故事：一个人养了一匹马，步履轻盈，毛发光亮，看上去是一匹不可多得的好马。不过，

这匹马有一个缺点，经常会无缘无故地暴怒，如果此时有人骑着它，一定会被摔成重伤。养马人找到了兽医，询问治疗马的方法，兽医却表示自己无能为力，现在最好的方法就是在这匹马表现良好的时候，将它卖出去。

在投资市场中，该方法也是大多数投机者惯用的伎俩，他们总是以忽悠其他人接手自己的股票来实现盈利。但是，这种投资决策存在一个致命的问题，那就是会使投资者失去信誉。

信誉对一个投资者来说非常重要，因为它能给投资者带来更多投资优质股票的机会。1998 年，巴菲特在佛罗里达大学商学院演讲时，就提到了信誉的问题。演讲过程中，巴菲特询问台下的观众，如果他们此时可以选择投资一位同学，获得对方一生中10% 的收入，会如何选择？霎时间，台下议论纷纷。

随后，巴菲特给出了答案："你们会给所有同学做个智商测试，选智商最高的投资吗？未必。你们会选考试成绩最高的投资吗？未必。你们会选最有拼劲的投资吗？不一定。因为大家都很聪明，也都很努力，我觉得你们会主要考虑定性方面的因素。也许你们会选最有认同感的那个人，那个拥有领导能力，能把别人组织起来的人。这样的人应该是慷慨大方的、诚实正直的，他们自己做了贡献，却说是别人的功劳。我觉得让你们做出决定的应该是这样的品质。"

巴菲特强调了信誉是评判一个人是否可靠的重要依据，如果想要得到他人的认可与信任，保持良好的信誉是最好的方法。巴菲特一生中最看重的就是自己的信誉，无论是在言行上，还是在投资上，始终都遵循着这一原则。他曾在致伯克希尔公司股东的一封信中告诫众位股东："我们现在很富有，我们不缺钱，千万不能为了赚钱而弄脏自己的名声。"

芒格也曾表示："沃伦和我从来没有为了赚钱，忽悠愚蠢的人从我们手中接货。我们投资所赚的钱，都是在购买的时候赚的。"也正是这种正直、善良的品行，为他们二人带来了极高的评价，也让伯克希尔公司成了很多人投资的第一选择。

纵观巴菲特一生中的投资，其在收购内布拉斯加家具商场时，他自身的良好信誉起到了至关重要的作用。巴菲特在刚刚从事投资事业时，就萌生了收购该商场的想法，但由于出价太低，遭到了罗斯·布朗金夫人的拒绝，可他并没有就此放弃，而是一直关注着这家商场。

直到布朗金夫人有了出售商场的想法，巴菲特再次拜访，并开出了 6000 万美元的价格，这次布朗金夫人爽快地答应下来。当时，还有一家公司想要收购该商场，出价远高于巴菲特，可布朗金夫人还是选择了巴菲特。促成这次收购的关键就在于巴菲特的信誉及他对此次投资做出的承诺。

巴菲特的承诺包括不干预企业经营管理，不轻易出售商场，邀请布朗金家族的人成为合伙人等。他还贴心地为对方讲述了自己之前的一些收购案例，并附上了一份所收购企业中管理者的名单及联系方式，帮助对方确认自己是否真的会信守承诺。

此外，还有一些因巴菲特的信誉慕名而来的人。比如，当所罗门兄弟公司遭遇危机时，管理者约翰·古弗兰第一时间就想到了巴菲特，并毫不犹豫地接受了他的要求；美国广播公司董事长汤姆·墨菲曾两次邀请巴菲特担任公司的董事；可口可乐总裁唐纳德·基奥意识到有人在大肆收购公司股票时，也立马想到了巴菲特。

对于普通人而言，如果我们拥有一个好的信誉，就能更容易赢得别人的尊重、信任和支持。无论是在投资中，还是在人生的未来发展上，都会给我们带来无穷无尽的好处。更重要的一点是，重视自身的信誉会让我们下意识避开投机取巧的做法，远离身边的诱惑。

02

理性主义：永远保持冷静

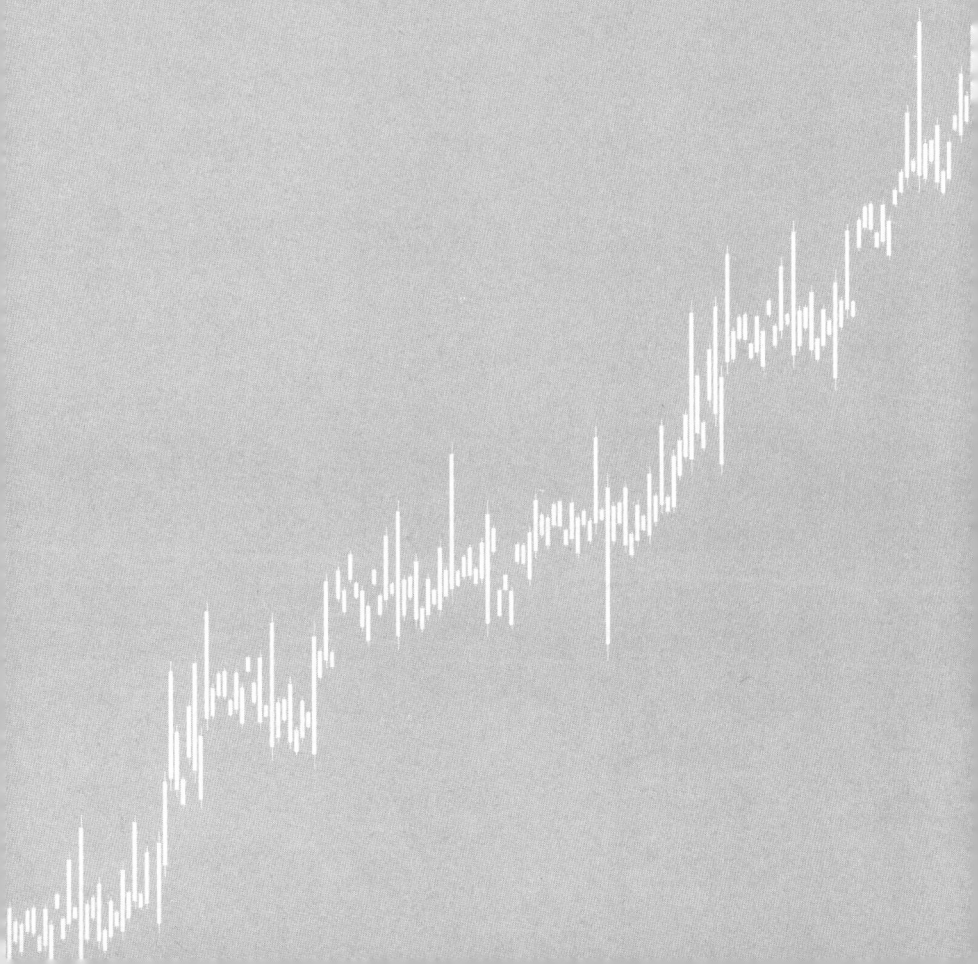

　　巴菲特说："你必须能够控制自己，不要让情感左右你的理智。"理性是投资者必需的特质，我们不需要比别人聪明，但一定要比别人更有自制力，只有杜绝情绪化决策，才能保证投资的正确率和回报率。

1. 所有投资评估都应从测量风险开始

　　风险是芒格的投资检查清单中非常重要的一项，他认为所有投资评估都应从测量风险开始，并着重强调了信用的风险。投机者不单单存在于投资者当中，有时候被投资者也会通过欺骗的方式来谋取巨额财富。

　　芒格曾将投资比喻成赌马，他表示："我们要寻找一匹获胜概率是二分之一、赔率是 1 赔 3 的马。你要寻找的是标错赔率的赌局。"而参与赌马的人往往会更加关注赛马的血统、赔率等因素，几乎没有人去关心赛马的精神状态，它是否会在比赛过程中撞破围栏逃跑。在人们的认知中，只要参与赛跑的马必然会跑完全程，同样，在股市中，投资者也会下意识认为企业提供的报告一定是准确的，可总有人会由于各种原因弄虚作假。因此，投资者务必要对此提高警惕。

在漫长的投资生涯中，巴菲特和芒格两人曾见识过很多不道德的人和现象。在芒格看来，如今华尔街的道德缺失越来越严重，他表示很多年前伯克希尔公司收购多元零售公司时，银行会坚守保护客户利益的原则来对伯克希尔公司进行严格的审查。可如今越来越多的人开始放弃底线，只要能够赚钱，什么都可以交易，根本就不考虑"诚信"二字。

在投资中考察对方的道德品质是很有必要的，巴菲特和芒格曾提到过一家不良公司。后来，在伯克希尔公司的年会上，芒格表示这家公司就是诺曼底美国公司，所罗门兄弟公司经过调查发现该公司用来招股的材料全都是伪造的，于是，在 1995 年 8 月 15 日，诺曼底美国公司在纳斯达克上市仅一天后就取消新股发行，并宣布所有交易无效。

当时，巴菲特和芒格都是所罗门兄弟公司的董事，他们两人坚持不与诺曼底美国公司做生意，其他董事却并不赞同，他们认为承销委员会批准了诺曼底美国公司的新股发行就应该没问题。可事实证明，巴菲特和芒格是对的。

人心是最难窥探的东西，即使谨慎，如巴菲特也曾掉入过别人的圈套。

2017 年，巴菲特斥资 8 亿欧元收购了威廉·舒尔茨公司，它是德国的一家中小型家族企业，主营业务为管道配件。由于德国的管道配件享誉世界，且该企业的经营发展也十分不错，巴菲特非常看好这家企业。

可令人想不到的是，仅仅三个月后，就有内部消息曝出这家企业的财务数据涉嫌造假。该企业实际上正面临着破产的风险，员工通过扫描客户公司的信息，利用 PS 技术制作了虚假的订单和收据，至少捏造了 47 笔业务交易。

更可恶的是，他们还利用了巴菲特的投资经验，刻意将企业包装成巴菲特所希望看到的样子。巴菲特习惯在能力圈内行事，又重视价值投资，这家企业不仅借助德国在制造业享誉世界的名声，而且又是巴菲特最了解的传统行业，伪造的经营状态和财务状况都有的放矢，击中了巴菲特的痛点。这一系列的操作叠加在一起，成功蒙蔽了巴菲特的双眼。

虽然丑闻得以曝光，纽约仲裁法院判决威廉·舒尔茨公司赔偿巴菲特 6.43 亿欧元，可该企业老板对丑闻予以否认，不断上诉。

后来，巴菲特在采访中告诫投资者："你不可能和不正直的人有好的交易，不要心存侥幸。如果你觉得可以和他们做生意，你将付出很大的代价来对付他们，而且他们总会赢，他们可能喜欢诉讼。但是，伯克希尔以及我个人，都不会把时间浪费在这些人身上。而且，虽然这些坏家伙会赢，因为他们懂得更多歪门邪道，但最终他们会输光一切。总之，还是不要在这些人身上浪费你的生命。"

股市中总会有令人意想不到的事情发生，谁也无法保证"赛马"不会冲出跑道。即使投资者拥有再多的经验，也很难去应对一个恶人。因此，投资者在测量风险时一定要重视对方的道德品质，切勿放松警惕。对投资者来说，谨慎终归是一件好事。

2. 当别人贪婪时要恐惧，当别人恐惧时要贪婪

在任何时候都能保持理性，是一个人最厉害的武器。而巴菲特恰恰就拥有这种理性，他可以在牛市狂潮中潇洒抽身，又可以在市场暴跌后高调入场，完美诠释了一个投资者什么时候应该贪婪，什么时候应该恐惧。

1966 年，巴菲特的公司投资回报率极高，公司总收入高达 1938 万美元。等到 1967 年，公司的税前利润更是达到了惊人的 2738 万美元。可就在公司发展形势一片大好的时候，巴菲特的内心生出了一丝恐惧。

因为自 1967 年起，美国股市四年间大幅度上涨了超过 40%，美国也陷入了人人炒股的狂潮中，仿佛任何一只股票，只要买进就能获得极高的收益。当时，几乎所有参与投资的人都认为自己能从股市中狠狠赚上一笔，这种态势让他不得不担心股民们长期的亢奋会导致灾难性后果。

于是，1970 年，巴菲特决定解散公司，对公司的资产进行了彻底清算。他对合伙人解释说："现在的市场环境我根本无法预

计，我无法以不擅长的方式来经营，我不想让以前十年创下的辉煌业绩受到损坏。"

当时，所有人都认为他疯了，可巴菲特有自己的打算，他将自己所得的 2500 万美元转移到了伯克希尔公司，开始静待时机。结果也正如巴菲特所料，1974 年，股票市场彻底崩盘了。

在巴菲特看来，当所有人都参与投资时，那投资物势必会产生供应不求的局面，导致投资成本过高，而过高的成本又会催生出更高的价格，进而吸引更多的人进入股市，形成恶性循环。但是，此刻股市的繁荣不过是人为制造的假象，总会有崩塌的那一天，没有人能事先预料，掐好时间全身而退。巴菲特只能退而求其次，在嗅到一丝危险时就立即退出，不抱有任何侥幸心理。

巴菲特不仅对退场时机把握得非常好，对入场时机的把控也非常到位。当所有投资者都小心谨慎时，他反倒贪心大起，开始大肆收购那些被人轻视的股票。

20 世纪 80 年代，巴菲特对通用食品和可口可乐两家公司股票的收购，可谓他漫长投资生涯中最闪耀的两枚徽章。

当时，在大多数投资者眼中，通用食品公司已经遇到了发展的瓶颈，既没有新产品，在销售模式上也不够活跃，而可口可乐公司一直都是过于保守的作风。如果仅从赚取差额利润的角度上看，这两家公司的股票都没有买进的必要。当巴菲特决定投资时，所有人都持悲观的态度。可这正是巴菲特精明的地方，所有人都在小心地观望，而他果断出手。

令人想不到的是，在巴菲特收购通用食品公司的股权后，由于市场通货紧缩，生产原料价格下降，在销售量没有太大变化的情况下，通用食品公司的净利润竟然出现了大幅的增长。直到巴菲特将股票售出时，通用食品公司的股票价格已经足足增长了 3 倍，而可口可乐的股价也在两年间上涨了 4 倍。

巴菲特说："价格下跌，是因为投资人抱持悲观的态度，有时是针对整个市场，有时是针对特定的公司或产业。我们希望能够在这样的环境下从事商业活动，并不是因为我们喜欢悲观的态度，而是因为我们喜欢它所制造出来的价格。"

巴菲特强调，当一个市场中其他人都小心谨慎时，恰恰是最安全、最有利可图的时候。如果投资者拥有判断个别股价的能力，就可以发现当人们普遍谨慎时，市场购买的压力就会很小，股票的价格远远低于它的实际价值。此时，投资者就可以毫不犹豫地买入持有这些股票，尽情释放自己的贪婪，等待市场再度繁荣后获利。

无论是入场还是退场，巴菲特的选择似乎都是站在大多数人的对立面，这恰恰是巴菲特的精明和理智之处。如果人人谨慎，那股票的购入价格往往会低于实际的价值；如果人人争相购买，那股票的购入价格则会远远高于实际的价值。

因此，投资者应懂得保持理智，不要随意跟随他人进行投资。巴菲特建议投资者们：在别人贪婪时谨慎，在别人谨慎时贪婪。如果在别人贪婪时比别人更贪婪，在别人谨慎时比别人更谨慎，那失利是迟早的事。

3. 独立思考，不盲目相信分析师和专家的意见

投资市场中的"内幕消息"，是引发人们跟风投资的直接原因。一些投资者在听到利好消息时，会跟风买进股票；在听到利空消息时，又会不顾一切地跟风抛售股票。这种完全放弃独立思考的行为，在巴菲特眼中是非常愚蠢的。

实际上，投资者所接触的权威专家评论、捕风捉影的小道消息，都是被主观加工过的，真假难辨，甚至还可能是一些人有意设置的陷阱。如果投资者轻信这些"内幕消息"，就等于把自己的命运交到了别人手上，难逃成为"韭菜"的结局。

巴菲特一直都不相信任何预测和"内幕消息"，他表示："我们不会因为重要的人物、权威人士，或者是很多人同意我们的意见，我们就能从中得到慰藉。反之，也不能。公众的民意测验绝不能代替思想。"

同时，他告诫所有企图靠"内幕消息"牟取暴利的投资者："就算你有足够的内幕消息和 100 万美元，你也可能在一年内破产。"在巴菲特看来，只有通过搜集大量数据、独立思考，得出的结论才是最合理、最可靠的。

1963 年，美国运通公司遭遇了"色拉油骗局"。原本抵押给银行的一仓库色拉油竟然全部变成了海水，子公司为此承担了 1.5 亿美元的债务，不得不申请破产。当时，美国运通公司的负责人担心这件事会影响公司的声誉，决定替子公司偿还 6000 万美元的债务，可美国运通公司的账面价值仅有 7800 万美元。

消息一经发布，美国运通公司的股价暴跌，从每股 60 美元的价格跌至 35 美元。坊间传闻美国运通公司很可能因此破产，股市中人心惶惶，投资者们也开始大肆抛售美国运通公司的股票。

巴菲特没有将股市的动荡放在心上，选择亲自去调研。他在奥马哈的餐馆里了解到人们使用美国运通信用卡的情况，在银行和旅行社中了解了美国运通旅行支票的使用量，甚至还打听到美国运通公司的竞争对手对目前形势的看法。经过一番分析，巴菲特得出了美国运通公司不会破产的结论。于是，1964 年，巴菲特开始投资美国运通公司，而且是重仓投入，最终获得了丰厚的回报。

很多人对巴菲特有一种误解，他们认为巴菲特之所以能够在投资界大放异彩，无非是靠着高端的社交圈子处处占得先机。可实际上，巴菲特用来分析股票的所有信息都源自上市公司的公告和年报，而这些信息普通人同样也能够接触到。相比之下，巴菲特的成功只不过是比其他人多了一些独立思考罢了。

早在学生时代，老师本杰明·格雷厄姆就曾告诫巴菲特："如果你想要在华尔街取得成功，一定要做到正确思考，但是只做到正确思考还不够，你还得做到独立思考！"从那时起，巴菲特就养成了独立思考的习惯，从不关心股票市场的涨跌，也不会因股票价格变动而改变自己的投资计划。

作为巴菲特的搭档，芒格对独立思考也十分重视，他认为如果一味在思考中依赖他人，总是以所谓的"专业意见"为参考，很容易误入歧途而不自知。为此，他还特意提醒巴菲特不要局限于格雷厄姆的投资理论，只有自己分析得来的结论才是最可靠的。

正因如此，巴菲特才会不止一次公开强调芒格对自己的影响，是芒格将自己从格雷厄姆的局限性观点中释放出来，让自己形成了独有的投资理念。比如，巴菲特投资比亚迪的例子，他回忆说："我很想说投资比亚迪是我的决定，但不是，投资比亚迪不是我的决定，也不是我的投资团队的决定，而是有一天芒格打电话给我说——我们必须投资比亚迪。"

在巴菲特看来，独立思考的前提是详细的信息。他表示："买股票只是一瞬间的事，但做决定时，你却必须先把买这只股票的理由一条条地列出来摆到桌子上面。"

根据巴菲特的经验，关于获取股票的信息，阅读上市公司的公告和年报是第一选择。在 1950 年，巴菲特阅读完格雷厄姆的著作《聪明的投资者》后，就将阅读公司年报作为工作中不可缺少的一部分。时至今日，他的办公室中还堆满了上市公司的年报。基本上他做的所有投资决策都源自比较，比较同一时期内不同公司的年报，比较同一公司在不同时期的年报。如果在这些年报中得不到自己所需的材料，他就会亲自去调查。实地走访得来的信息，远比冰冷的纸质报告更有意义。

一位成熟的投资者一定要懂得独立思考，不能让其他人左右自己的决定，相信自己独立思考得出的判断，坚信自己的投资理论。

4. 牛市来了要淡定，宁可不投绝不滥投

"规避风险，保本本金。"这句话说起来容易，做起来难。如果你手握大量资金，且处在看起来形势一片大好的牛市中，你能做到无动于衷吗？

2019 年，伯克希尔公司的长期股东大卫·罗尔夫出售了自己价值千万美元的股票，并公开指责巴菲特的不作为。他表示美股当前正处于大牛市，以巴菲特为首的投资团队非但不积极选股投资，反而大肆囤积现金，这种行为对公司的发展是一个相当大的阻碍，让他感到非常失望。他表示："在大牛市期间选择'吮手指'，是公司发展的巨大障碍。"巴菲特曾提到在机会面前却什么都不做是"吮指之错"。

根据相关资料显示，截至 2019 年，伯克希尔公司已经囤积了超 1200 亿美元的现金。面对如此巨额的闲置资金，很多人都对巴菲特的投资理念产生了质疑，甚至还有人翻出了巴菲特错过投资互联网最佳时机的事情，并将所有的失利全都归咎于他的谨慎。

罗尔夫还特意提及几笔在大牛市期间的投资：2011 年，巴菲特持有 107 亿美元的 IBM，等到 2018 年卖出时，IBM 的股价下跌了 20% 以上。同样是 2018 年，巴菲特投资的卡夫亨氏的市值蒸发了大约三分之二。而万事达公司和维萨公司出现了超 10 倍的涨幅，伯克希尔公司虽然持有这两家公司的股票，但份额太少，没能及时增持是一件令人遗憾的事情。

在回答关于囤积现金的问题时，巴菲特以开玩笑的口吻说道：

"持有这么多的现金并没有杀死我们。"

此前，巴菲特在致伯克希尔公司股东的一封信中表示，他也希望用这些现金进行一次大规模的收购，奈何美股已经疯涨了10年，收购价格实在太高。他说许多股票的市价已经远远超过了伯克希尔公司的预算，未来几年，伯克希尔公司依然希望将资金投入那些可以永远持有的企业，不过近期却并没有这样的机会，眼下前景良好的企业，价格已经突破天际。

此外，巴菲特还有另一层担忧，新冠疫情让各行各业都遭受了冲击，对经济影响的深度和广度都是未知的，他必须保证自己手中拥有足够的现金，来稳定旗下多家实体企业的发展，比如，铁路运输、能源电力等企业。

在伯克希尔公司的诸多业务中，受影响最大的莫过于保险。疫情席卷全球，使得保险业所承担的各种风险大大增加，巴菲特需要保证能拿出足够的现金用于支付赔偿，尤其是赔偿在同一时间发生的情况下。如果保险公司无法兑现赔偿，公司的信誉势必会受到损伤，这是巴菲特不愿意看到的。

早在2010年，巴菲特就在致伯克希尔公司股东的一封信中写道："我和查理不会从事任何可能给伯克希尔公司带来丝毫威胁的活动。在伯克希尔公司，我们严格遵守保留足够现金的原则。伯克希尔公司承诺，将始终维持最少100亿美元的现金储备，为此我们通常都持有最少200亿美元现金。如此我们既可以承受前所未有的保险偿付，还能抓住收购或投资机会，即使金融危机也不会影响我们。"

由此可见，巴菲特不愿在大牛市中频繁投资，是基于全局考虑，尽力避免可能出现的风险。而罗尔夫的观点无疑是主观的、片面的，如果巴菲特听从他的建议，放弃囤积现金，大肆投资，投资的盈亏姑且不谈，一旦巴菲特所担心的保险赔付问题发生，将会给伯克希尔公司带来难以想象的灾难。

5. 保持谨慎，做好详细评估再购入

生活中，很多人买一件衣服、买一双鞋都会跑好几家商场挑选，但在选择股票的时候却十分草率鲁莽。他们通常用不了几个小时，甚至是几分钟就能决定买入什么。而巴菲特和芒格则一贯秉承谨慎的投资原则，在没有做充足的评估前，绝不随便买入任何一只股票。

2020年，芒格在美国接受了《华尔街日报》的电话专访。已经96岁高龄的他明确表示目前新冠疫情导致市场震荡，投资者一定要"谨慎"，不要急于行动。

《华尔街日报》的记者问芒格，在2008年至2009年的金融危机中，伯克希尔公司曾斥资百亿美元投资了像通用电气和高盛这样的公司，还收购了一些其他公司。这次危机，伯克希尔公司会像上次一样进行大规模的买进吗？

芒格回答："伯克希尔公司现在正处在有史以来最严重的台风中，我们就像是船长，现在我们唯一能做的事就是活着等待台风

结束。我们还希望台风结束后，我们能有充分的流动性，而不是
感觉世界末日来了，不得不把所有身家都投进去。"

芒格强调，不会采取激进的措施去捕捉所谓的机会，而是会
表现得相当保守。只有这样，等待危机结束，才能变得更加强大。

在芒格看来，要在投资市场上好好活着，投资者就一定要保
持谨慎的态度。关于他的谨慎，我们可以从他的投资检查清单上
窥知一二，清单上的问题如下：

> 目前的价格和成交量是多少？
>
> 交易行情如何？
>
> 经营年报何时披露？
>
> 是否有其他敏感因素？
>
> 是否有随时退出的投资策略？
>
> 手头是否有足够的可用现金？
>
> 如果需要借贷，机会成本是多少？
>
> …………

在投资之前，芒格会对上面的问题逐一进行审核，其仔细程
度是普通人难以想象的。

如我们所知，芒格投资的项目并不多。因为他从选择股票到
购入股票，这中间要经历一个非常繁琐的筛选计算过程。

购买股票前，芒格会进行详细的评估。在这个详尽的评估过
程中，芒格并不仅仅是看看数据资料，还时常对公司每年披露的

财务报告和会计工作持怀疑态度。他会根据自己的认知，分析财务报表上所有的数字。他还会评估股票期权、养老金计划、退休医疗福利可能给未来带来的影响。对于公司的负债情况，他审核得更加严格和仔细。

除了公司的情况，芒格还会考察公司供应商和客户的关系状况，甚至包括当今及未来的制度大方向、劳动力问题、环境问题、社会潮流等。

总之，芒格在决定买股票前，要考察的额外因素无穷多。不过，这一套缜密的流程下来，还不够。芒格还要计算整个公司的真正价值，在考虑未来股权稀释的情况下，确定每股值多少钱等。

到了这里，能在芒格手中剩下的必定是极为优秀的值得投资的公司。即便到了这个时候，芒格也不会立即下注。因为在正确地选择股票之外，还需要确定一个正确的购入时间点。然后，他会更加精细地进行甄选。

繁琐的思考过程，会导致芒格长时间没有"行动"，这也是为什么我们看到芒格的投资项目并不多。

芒格十分谨慎，如果没有十分中意的项目，他宁愿不投也绝不滥投。因此，绝大部分项目都被他否决了，以至于巴菲特将他称为"讨厌的'不'先生"。

巴菲特在商学院讲课时说："我用一张卡就能改善你的经济状况。这张卡上一共有20个格，所以你只有20次打卡的机会，这代表你一生中所拥有的全部投资次数。当你把卡打完时，也就不能再进行投资了。"他还说，"只有在这种情况下，你才会真正慎重地考虑自己所做的事情。"而当你花费大量精力和金钱在少数真正想要投资的项目上时，你的表现将会好得多。

谨慎的投资风格，的确让伯克希尔公司错过了微软、苹果、亚马逊等项目，但同样也无数次避免掉入大坑中。自1970年开始，美国经历过多次金融危机和股市动荡，但伯克希尔公司一直没有出现太大的亏损情况。

真正优秀的投资者都是非常小心的，因为投资市场风云诡谲，多一点谨慎，能让成功的概率高一点。

6. 走出直观判断的误区

直观判断是人的本能反应，是通过对以往经验教训的总结而得出的一种经验法则。它能帮助人们在处理事务时节约大量时间和精力，同时也会让人们犯一些愚蠢的错误。尤其是在投资中，仅凭直觉做事很难得到好的结果。巴菲特投资康菲石油失败，就是栽在了直觉判断上。

自1987年股灾后，巴菲特很少再触碰矿业类股票，直到2003年，他斥巨资买入中石油的股票，并豪赚几十亿美元后，开始将目光重新放在了能源行业。2006年，巴菲特又盯上了康菲石油，当时康菲石油的股价大约为每股65美元，可以称得上是一个很高的价格，不过这并未动摇巴菲特买入的决心，并在后续石油股价一路高涨时不断增持。

在巴菲特看来，原油的价格是股价的价值所在，只要原油价格不跌，那股价永远也不会跌。另外，次贷危机的爆发会促使政府出台一系列宽松的政策，进一步推高油价。巴菲特对自己的判断非常自信，甚至都没有征求芒格的意见。

事实也正如巴菲特所料，在第一次买进康菲石油股票后，股价果然开始一路高涨。可令人意想不到的是，2008 年的金融危机超出了绝大多数人的预期，市场开始从一个非理性快速转向另一个非理性，康菲石油的股价也迅速跌破 50 美元。巴菲特不得不忍痛割肉，亏损达到了 26 亿美元。

后来，巴菲特在 2008 年致伯克希尔公司股东的一封信中写道："没有来自查理和其他人的监督，我在石油和天然气价格接近顶峰时买下了大量的康菲石油股票，并且我完全没有预料到今年下半年能源价格的大幅下跌。"

直观判断在本质上属于用自己能理解的事物去推断无法理解的事物。在芒格看来，直观判断很容易受到偏见的影响，使自己的判断脱离现实。如果投资者在投资中仅用粗略的直观判断来评判股票，被误导是早晚的事。

偏见源于人类大脑的自然反应，比如，盲目自信、过度悲观、自我施压、迷信权威等都属于自然反应的范畴，通常会扰乱人们的心智，欺骗人们的大脑，对决策产生很大的影响。

1995 年，芒格受邀到哈佛大学法学院演讲，他在详细讲解人类心理误判学时，就提到了由偏见带来的决策失误，并列举了所罗门兄弟公司的例子。

在"所罗门事件"中，当时公司的首席执行官约翰·古弗兰在得知公司政府债券事业部的负责人保罗·摩西私自非法竞购了国债后，竟然没有及时处理这件事，致使丑闻曝光，约翰·古弗兰受到了牵连，终身不能再触碰证券行业。

芒格认为约翰·古弗兰的沉默就是受到了偏见的影响，保罗·摩西欺骗政府、做假账的行为等同于伪造罪，约翰·古弗兰不可能不知道这种事一旦曝光，会给自己和企业带来什么样的影响。可保罗·摩西是他非常信任的一名员工，对方信誓旦旦地保证："这是第一次，也是最后一次。"同时，两家人也很熟悉，让对方的家庭难受并不是他想要看到的事，内心难免会产生同情，更何况保罗·摩西还为自己赚了很多钱。

或许是大脑中一闪而过的犹豫，或许是一点侥幸，也或许是他选择性忽略了这样做的风险，约翰·古弗兰最终选择放过保罗·摩西。可也正是这个简单的决定，彻底毁掉了自己的人生。

在现实生活中，过去成功的投资经历，无论是自己的还是别人的，都很容易成为人们直观的判断依据。比如，人们得知一家彩票投注站开了大奖，于是千里迢迢来到这家投注站买彩票，认为这样做自己也能中大奖。

在股票的投资中，人们更加愿意遵循其他人的成功经验。比如，看到别人买某只股票赚了，自己就会毫不犹豫地跟风购买。但这种主观判断，是非常不理智的，很容易出现失误。

对于投资者而言，只有走出直观判断的误区，以客观事实为依据，以谨慎为原则进行投资，才能在投资的路上走得越来越远。

7. 止盈和止损同样重要

投资市场变化莫测，没有人可以保证自己的每一笔投资都是正确的。如果想让投资的天平向盈利端倾斜，就要做到及时止损和止盈，以降低风险、稳固收益。

止损的意义在于保住本金，以免遭受巨大的损失。巴菲特曾经以"鳄鱼法则"来解释止损的重要性：当一个人被鳄鱼咬住了脚时，如果他尝试用手来帮助脚挣脱鳄鱼，那么他的手和脚全都会被鳄鱼咬住，越是拼命挣扎，身体被咬住的部位就越多。想要摆脱困境，唯一的办法就是放弃这只脚。

股市就是一只凶猛的鳄鱼，当投资者发现自己的投资效果背离了预期，就要做好及时止损的准备，切勿有任何犹豫。

2016 年，巴菲特以平均每股 38 美元的价格收购了达美航空 10% 的股份，随后股价一路走高。直到 2020 年 2 月，达美航空股价下跌，平均每股 46 美元，巴菲特又斥资 4530 万美元增持股票。

但是，新冠疫情的发生使航空业遭到了很大的冲击，市场持续低迷，投资者纷纷抛售股票。尽管巴菲特在当年 3 月中旬的采访中表示不会出售航空公司的股票，可在 4 月份，他还是以每股 24 美元的平均价格，抛售了近 1300 万股达美航空的股票。

在 2020 年股东大会上，巴菲特表示，以目前的状况，航空业未来的发展是一个未知数，他并不确定疫情对航空公司的影响，以及美国民众会不会因此改变生活习惯。对这次投资来说，及时止损是最好的选择。

正是这种及时止损的智慧，让巴菲特在几十年的投资生涯中一直稳步发展，即使也出现过一些投资失败的情况，却没有一次能动摇伯克希尔公司的根基。

关于止损的道理，即使不用详细解释，大家也能理解，毕竟谁也不愿意将自己的钱赔光，可止盈就有些令人摸不着头脑了。既然投资的目的是赚钱，那为何要在形势大好的情况下抛售股票？

投资市场是波动的，充满着未知，止盈和止损一样，都是在不确定性中找到确定性。当股票的价格飞涨时，我们的投资出现了盈利，即使股票当前依然处于上涨的态势，可未来谁也无法确定是涨还是跌。但我们可以确定的是，此时的投资已经处于盈利状态，落袋为安才能达到真正的盈利。因此，止盈也是巴菲特重要的投资理念之一。

2007年，在中石油的股价一路高歌猛进之时，巴菲特却意外地清空了自己持有的所有中石油股票。当时，投资界议论纷纷，大多数都在嘲笑"股神"的胆怯，可事实证明将股票卖了40亿美元的巴菲特才是真正的赢家。

巴菲特在2007年致伯克希尔公司股东的一封信中写道："伯克希尔用了4.88亿美元买入了中石油公司1.3%的股权，以这个价格推算，中石油的价值大约为370亿美元。查理和我判断该公司的价值大约为1000亿美元，等到2007年时，中石油股价飞涨，该公司的市值达到了2750亿美元。我们认为这是它应该有的价值，所以就将股票全部清仓了。"

巴菲特的决定无疑是正确的，虽然伯克希尔公司未能在中石油股价最高点套现，却也成功避免了后续股价下跌带来的损失。

心存侥幸是投资的大忌，无论是上涨还是下跌，都是未知数，将投资交给运气是不理智的。在投资中抓住自己可以掌控的部分才是取得成功的关键，因此，懂得止盈和止损是非常重要的。

关于止盈和止损，可以从细节操作上切入，为自己及时收手设定一个标准线。一般有三种方式。

第一，以股价下跌或上涨的幅度为标准。比如，当股价下跌或上涨10%时，无论当前的形势如何，立即出售持有的所有股票。投资者可以根据市场状况和自身的承受能力来决定该幅度的具体数值。

第二，以股价的某一个价格为标准。当股价下跌或上涨到某一个价格后，立即出售所持有的股票。比如，以每股6元买入股票，以每股4元和8元为下跌和上涨的标准线。

第三，以时间为标准。为买入的股票设定一个持有的时限，只要达到设定时限，无论盈亏，都要立即出售。

需要注意的是，幅度、价格、时间都要根据实际情况保证其合理性，并且要坚持执行止盈和止损策略，不要有丝毫的犹豫和侥幸。

投资市场中较大的亏损往往都源自投资者的自我控制能力不足。股价下跌后幻想股价还能回暖，股价上涨后希望能涨得更高，这种盲目自欺欺人的做法不会带来好的结果。

　　止盈和止损是投资者对贪婪和恐惧的一种约束，能让自己在股价波动时尽量保持平和。对于一个投资者来说，投资中的心态永远是最重要的。

8. 安全边际——永不亏损的投资秘诀

　　安全边际，是指在投资中，投资物的价格低于价值的差额，它可以对投资市场中的风险起到预防和保险作用。投资物的安全边际越大，投资失败时，投资者的损失就越小。

　　比如，当投资者以 10 美元的价格买进一只股票，而股票的实际价格为 15 美元时，这只股票的安全边际就是 5 美元。即使股票在后期出现大幅下跌，5 美元的安全边际所提供的缓冲区也会让投资者有更多的反应时间，从而最大限度降低亏损。巴菲特对此做过一个生动的比喻：当我们坚信一座桥可以承受 30000 磅的重量时，也只能允许 10000 磅以下的车辆通过，以免因自己看走眼而导致桥梁被汽车压垮。格雷厄姆、巴菲特、芒格等投资人重视安全边际的原因就在于此。

　　投资的结果无非盈、亏、平三种，当投资者利用安全边际大大降低亏损的概率时，就有更多的机会获得盈利。

　　1988 年，巴菲特开始购买可口可乐公司的股票，并在 12 个月内不断增持，成为该公司最大的股东。当时，可口可乐公司在股票市场中的价值大约为 151 亿美元，根据巴菲特的估算，它的实际价值至少为 207 亿美元，甚至最高可以达到 483 亿美元。如此看来，可口可乐公司的股票所拥有的安全边际非常大，对其投资必定是一桩稳赚不赔的买卖。如今，巴菲特每年都会得到数亿美元的股息收入就是最好的证明。

投资产品的价格并非其实际价值，投资者们需要像巴菲特一样心中有一个衡量尺度，并大概估算一下它的实际价值。巴菲特在挑选股票时，习惯用股票的市场价格和占股比率反推公司的市场价值，然后再与自行估算的公司实际价值进行比对，只要市场价值远远低于实际价值，该股票就值得入手，反之则继续寻找符合标准的股票。

但是，公司实际价值的估算非常复杂，涉及很多因素，有市盈率、市净率等直观的数据，也有行业的发展趋势、竞争格局和未来前景等看不见、摸不着的东西。想要保证估算的准确性，投资者就要不断地学习、积累。就像芒格说的一样："没有什么公式能一下子算出企业的内在价值和安全边际。你得用上大量模型才行。所以，要想算得准，得花上不少时间。你不可能一下子成为优秀的投资人，就像你不可能一下子成为骨肿瘤专家一样。"

在 1992 年伯克希尔公司股东大会上，巴菲特表示："我们强调在股票的买入价格上留有安全边际。比如说，如果我们计算出一只普通股的价值仅仅略高于它的价格一点点，那么我们不会对这只股票产生兴趣。我们相信这种'安全边际'原则是投资成功的基石。"

巴菲特刻意强调了安全边际的数值，并不是投资物的市场价格低于实际价值，两者的差额就能作为安全边际使用。因为估算实际价值的数据无法保证极致的精确，使得计算出的安全边际存在一定水分。

安全边际并不是投资股票的唯一标准，巴菲特对安全边际的使用方式进行了扩展，配合其他投资决策一起使用。

有时候，巴菲特在投资时会先找到自己心仪的公司，如果公司股票的市场价格远远低于其实际价值，拥有可靠的安全边际时，他就会毫不犹豫地买进。可如果公司的股票没有满足安全边际的要求，他就会耐心等股价降下来，直到满足安全边际后，再进行购买。对他而言，买什么和什么时候买都不重要，重要的是保证自己不会亏损。

此外，当一项投资产品拥有较大的安全边际时，即使它的市场价格长期低于实际价值，那投资者同样可以通过获得公司净利润和股息，来保证自己资金的安全。如果股票持续下跌，还可能趁着股票出现更大的安全边际时追加投资。但需要注意的是，这种情况只建立在对投资产品的发展和价值具有明确判断的前提下，不要轻易尝试。

巴菲特曾说："未来永远是不确定的。如果大家普遍对市场看好，那么我们就只能花高价从市场买入股票，所以不确定性实际上反而是长期投资者的朋友。"投资就是在与这种不确定性进行博弈，而安全边际就是能够增加投资者成功的砝码。

9. 在买之前就知道何时卖

无论投资者在一笔投资中花费了多少成本，如果他没有设定明确的卖出时机，在投资风险的影响下，之前的所有付出都可能化为乌有。一个成熟的投资者在买入一只股票之前就已经知道应该什么时候将它卖出。

巴菲特在漫长的投资生涯中，几乎没有出现过被套牢的情况，因为他的眼光更为长远。他在购买一只股票之前就为该股票制定了标准，在持有股票期间频繁用该标准来衡量企业的价值，如果该企业的股票不再符合自己的标准时，无论当前形势多么好，他都会毫不犹豫地抛售。

投资市场捉摸不定，普通投资者根本无法应对市场中的突发事件。应对此类事件最好的方式就是提前找到一条逃生的通道，在危险来临之前安全撤出，避免亏损的情况发生。巴菲特在对股票卖出时机的把握值得所有投资者借鉴。

1995 年，迪士尼斥资 195 亿美元收购了美国广播公司，伯克希尔公司成为迪士尼公司的大股东。2000 年时，巴菲特开始逐渐减持迪士尼的股份，这一举措让很多股东感到非常疑惑，因为当时迪士尼的前景很好，正是投资收益快速增长的好时机。

在 2002 年伯克希尔公司股东大会上，巴菲特解释了自己的做法，他表示："我们对这家公司的竞争力特征有一种看法，现在这种看法变了。"在他看来迪士尼公司的业务侧重点出现了变化，时任首席执行官的迈克尔·艾斯纳将大量的成本放在网络竞争中，甚至还投资了 Goto.com 搜索引擎和搜信等公司。这让巴菲特非常不安，他意识到是时候撤出了。

无论迪士尼后来的发展如何，巴菲特的这次决策无疑是理智的。当投资的企业未能按照自己预想的轨道发展时，投资者就要提高警惕。在经营方向发生变化后及时撤出，这就是在企业业务上的标准。

格雷厄姆的投资理念为卖出时机设定了股票价格上的标准。众所周知，格雷厄姆最擅长的就是以低于企业内在价值的价格来购买股票，并在股票价格上涨到内在价值时卖掉它们，这也是巴菲特早期常用的投资方式。

股票价格的标准，一种是在投资之前先估算出所选择企业的内在价值，并将该价值作为标准。当内在价值高于价格，就买入股票，当股价达到所设定的标准价格后就立即出售，即使价格后续还有上涨的空间。

另一种则是将股票上涨后第一次下跌作为标准。由于企业的潜力很大，股票价格上涨到内在价值后仍处于上涨状态，很多投资者不甘心就此撤出，这时可以将第一次股价下跌作为撤出的信号。

此外，还有一种标准是意识到决策错误。客观地说，任何投资者都不可能不犯错误，即使谨慎的巴菲特在投资生涯中也犯过不少错误，但他可以在犯错后及时察觉并做出反应，及时撤出，降低自己的损失。

1961 年，年轻的巴菲特以 100 万美元收购了登普斯特农机制造公司，这家公司主要生产风车和农用设备。当时，巴菲特在投资中使用的是从格雷厄姆那里学来的"烟蒂股投资法"，登普斯特农机制造公司就是那种价格便宜但过于劣质的公司。作为大股东，巴菲特频繁要求管理者削减日常开支，可对方却阳奉阴违，始终不执行巴菲特的命令。于是，巴菲特立即意识到了这次投资的错误，放弃了对公司内部的整顿，直接将其卖掉。

无论哪一种策略，都强调了一点，那就是投资者在投资中不能掺杂任何个人感情。很多投资者有时候会感到不甘心、不知足，这些都是投资的大忌。作为一名成熟的投资者，我们要关注的不仅是投资中的盈亏，还要严格遵循一开始制定的投资策略，不管当时的形势如何，卖出股票都是策略中的一步，需要坚定地执行下去。

提前拟定卖出时机，是投资者基于投资经验和投资思维总结出的秘诀。对于投资新人而言，掌握卖出的策略能有效保障投资的利润，避免损失。巴菲特曾不断强调投资的成功源自降低亏损，而在买之前就知道何时卖就是对这一观点的最好诠释。同样也正是靠这句话，巴菲特得以在风云诡谲的投资市场中把握每一笔投资交易的方向，不至于让自己陷入万劫不复的境地。

10. 做好准备，未来总有无法预料的风险

股市中最难以预料的风险莫过于股灾，它属于不可抗力因

素，任何投资者都无法逃脱股灾的制裁，必定会遭受巨大的损失。因此，投资者一定要提前做好准备，尽量降低股灾冲击所带来的损失。

股灾不同于一般的市场波动和投资风险，它具有突发性、破坏性、联动性和不确定性四个特点。

突发性是指，股灾的爆发毫无征兆。当股市形成泡沫时，股价依然呈现出快速增长的势头，一些人也许会有所警惕，但谁也无法预测泡沫破碎的时间，也就无法在最佳时间撤出股市。直到压倒骆驼的最后一根稻草出现，股市开始崩盘，在很短的时间内，股价会暴跌至一个令人难以想象的价格，几乎所有的投资者都没有反应的时间。

破坏性是指，股灾所影响的范围。一场股灾毁灭的不单单是一家证券公司、一家银行，而是整个国家乃至整个世界的经济都会因此受到冲击，它所带来的经济损失远远超过了一些自然灾害。

联动性是指，股灾可能由某一个行业引起，却会因行业关系和所处区域，扩大波及范围，将更多的行业、更多的地区卷入其中。

不确定性是指，股灾的程度和持续时间。就像人们无法预测股灾爆发的时间一样，人们也无法预测股灾究竟会对市场造成多大的冲击，以及股灾什么时候结束。

既然股灾避无可避，那么投资者就需要做好准备来应对这一风险。在漫长的投资生涯中，巴菲特经历过很多次股灾，可如今他依旧站在投资界的巅峰，势必有应对股灾的秘诀。

　　第一个秘诀是冷静。在股价突然暴跌之际，投资者很容易惊慌失措，时刻紧盯股市的消息，伺机抛售股票，尤其是当他们见到周围人纷纷抛售股票时，也会忍不住加入其中。此时对投资者来说，最重要的就是冷静。

　　1987年，美国投资市场爆发了股灾，在此之前，股市在5年间持续增长，仅1984年至1986年累计涨幅就达到2.46倍，而道琼斯指数也从1000点左右涨到了2200多点。就在投资者们沉浸于股市狂欢中时，股灾突然爆发，一天时间，道琼斯指数就下降了500多点。巴菲特所持有的伯克希尔公司股票也未能幸免，在一周内暴跌25%，仅股灾爆发的第一天，他手中的财富就蒸发了3.42亿美元。

　　巴菲特并没有关注正在崩盘的股市，而是像往常一样，待在办公室中看报纸和公司年报，显得异常平静。他非常清楚股市崩盘就是因为股价过去涨得太高了，崩盘是正常的，不过他不担心自己的投资，因为按照价值投资理论，只要股灾过去，自己所持有的股票一定会展现自己的价值。

　　一些投资者之所以会在股灾中亏损得倾家荡产，有时候并非他们选择的股票不够好，而是没能坚持自己的投资理念。比如，在大环境的影响下，他们将自己的价值投资选股理念抛之脑后，开始轻信小道消息，随大流抛售股票，结果可想而知。

　　第二个秘诀是谨慎。投资者要对股灾保持足够的敬畏，在投资选股时小心行事，一旦察觉股市出现形成泡沫的倾向，就要及时撤离，切勿贪恋收益。同时，还要对一些短期内大热的股票提高警惕。只要提前做好防范，投资者受到的损失就要小得多。

1999年，高科技股和互联网股形成了泡沫，在后续3年内持续下跌，累计跌幅接近50%，很多投资者在这场"灾难"中倾家荡产，巴菲特的业绩却逆势出现了上涨。这一结果完全得益于巴菲特的谨慎，他在一众投资者尽情享受股市狂欢时，却坚持不触碰高科技股和互联网股。

在股灾发生的前4年，高科技股和互联网股疯涨，在1999年，标准普尔500指数上涨了21%，而巴菲特的业绩却只有0.5%。为此，他遭到了很多人的质疑和指责，媒体质疑他的投资决策已经过时，而股东们则指责他错失良机。尽管所有人都看好高科技股和互联网股，但巴菲特依然谨慎对待它们。

巴菲特说："我把确定性看得非常重，承受重大风险的根本原因在于你事先没有考虑好确定性。"谨慎是投资者制胜的法器，只有不打无把握之仗，才能无往不利。

第三个秘诀是耐心。耐心对投资者来说非常重要，尤其是在面对风险时，多一分耐心就多一份保障。人人都知道股灾过后会出现一大批优质且价格低廉的股票，应该何时出手却很难把握其中的度。出手太早，会坐上股灾的末班车；出手太晚，优质股票早已被别人搜刮干净。这也使得很多人宁愿冒险抄底也不愿放弃这个千载难逢的机会。可对于投资者来说，主动靠近风险是不理智的，耐心等待才是最好的方式。在2000年的那场股灾中，巴菲特一直耐心等了5年才找到最佳的投资机会。

投资机会不在多，只要把握住其中一两个，就能实现盈利。

无论是生活，还是投资，未雨绸缪总是好事，只有时刻保持警惕，做好准备，才能在风险来临之际，泰然处之。

11. 不迷信未卜先知，分析市场运作与预测市场是两码事

很多投资者习惯预测市场的走势，并将自己的预测作为投资决策的依据。可在巴菲特看来，任何预测市场走势的行为都是没有意义的，没有人能在投资中靠预测成功。

1988 年，巴菲特在伯克希尔公司的股东大会上强调说："对于未来一年的股市走势、利率以及经济动态，我们不做任何预测。我们过去不会，现在不会，将来也不会预测。我们深信对股票或债券价格所做的短期预测根本是没有用的，预测本身只能让你更了解预测者，对于了解未来却毫无帮助。"

巴菲特认为自己没有预测短期内股价变化和市场走势的能力，同时，他也相信不只自己没有这种能力，任何人都不能做到这一点。那些言之凿凿的市场预测分析不过是"投资专家"赖以生存的工具罢了。

因为市场是不断变化的，没有人能掌握变化的规律，自然就无法预测变化，所有的预测都是建立在已知的结果上，是缺乏时效性的。预测市场的最大弊端在于，它能够让投资者产生一种错觉，因一时的成功变得自以为是，以至于长期按照这种错误的方式进行投资。为此，巴菲特告诫伯克希尔公司的股东们："分析市

场的运作与试图预测市场是两码事，了解这点很重要。我们已经接近了解市场行为的边缘，但我们还不具备任何预测市场的能力。市场是在不断变化的，它顽固地拒绝被预测。"

在投资市场中，参与投资的人多不胜数，有投资机构，有上市公司，还有个人投资者。每个人都在按照自己的想法进行决策，而市场的走势就是对这些决策所做出的反应。由此可见，市场预测这项庞大的工作并不是一个人或一个机构能够完成的。

1999 年，芒格曾发表过自己关于互联网的看法："我个人认为互联网的革命性程度并没有之前的电视那么高。对比一下电视出现前后人类实际上打发时间的方式就可以看出，有了电视之后，人们便永久地迷上了它。电视机具有不可思议的效应。它对那些具有著名品牌的公司等也有间接的效应。对我而言，很难相信互联网可以和电视相提并论，我不在乎互联网变得多有效。"

事实证明，芒格的这个观点是错误的，但他仍对新生事物保持了足够的敬畏，并没有轻易断言它的未来。这也侧面反映了像芒格这样充满智慧的人，对不理解的事物也难以估计它未来的发展，更何况投资者们面对的是比互联网更加深不可测的投资市场。

其实，当时高科技领域的股票并非一路长虹。一开始，股价飞涨，成就了很多百万富翁，直到 2000 年 3 月中旬，这类股票达到了顶峰。可仅仅过了几个星期，科技股的股价就一路狂跌至谷底，任谁也无法预料到这一结局。

2010 年，芒格受邀前往密歇根大学罗斯商学院进行演讲时，再次谈到了市场预测的话题。在面对主持人关于预测当前经济的问题时，芒格强调说："沃伦和我一样，我们并不是靠预测宏观经济而取得成功的。我们的原则是竭尽全力做一名优秀的泳者，因为潮水有时候会顺着我们，有时候会逆着我们，我们不会费尽心机去预测潮汐，毕竟我们计划要游很长一段时间。我建议你们所有人都应该保持这样的态度，因为很少有人能成功预测宏观经济周期。"

芒格将市场比喻为潮汐，而投资者则是在大海中游泳的人。与其盲目猜测潮汐的方向不断挣扎，不妨采用自己最擅长的游泳姿态等待潮汐的到来。当投资者的知识和经验越来越丰富时，他们往往会对市场走势有一些自己的想法，但芒格表示，基于这些想法所做出的预测根本就没有可信度。

如果投资者想要靠预测来避免亏损，获得成功，那无疑是妄想。在芒格看来，面对投资市场的变化，选择合理的投资方式更有可信度，比如，公司如何保护它的资产负债表及提升赚钱效率。

当投资者尝试预测市场走势时，一定要用巴菲特的这句话警示自己："面对两种不愉快的事实吧。市场是不可预测的，未来是永不明朗的，而且在股市上要达到令人愉快的共识，代价是巨大的，因此长期价值购买者才是股市中真正的胜者。"

12. 永远记住通货膨胀和利率的风险

通货膨胀是投资中无法避免的一种风险，由于自身的不可阻挡性，任何投资者都难以逃脱通货膨胀的制裁，不同的投资组合对应着不同程度的亏损。

通货膨胀在定义上属于一种经济现象，但巴菲特认为该现象有一种必然性，他表示虽然没有人知道通货膨胀什么时候出现，会发展到什么地步，但随着时间的推移，投资者们一定会遭遇通货膨胀。

众所周知，通货膨胀的典型表现是货币贬值。因此，一些国家会将通货膨胀作为应对外债的手段，他们会大量增加货币的发行量，使国内的货币大幅贬值，然后就可以用低廉的货币来偿还巨额外债，以降低成本。巴菲特对此戏称："印钱是一件再容易不过的事情，我如果有机会也会这么做。"

无论通货膨胀是好是坏，没有人能阻止它的发生。巴菲特表示自己在接手伯克希尔公司时，当时股价为每股 19.46 美元，可以购买半盎司黄金。15 年后，经过巴菲特的努力，伯克希尔公司的股价涨到了每股 335.85 美元，但这个价格依然只能买到半盎司黄金。

正是由于通货膨胀的这种必然性，芒格告诫投资者们要时时刻刻提高警惕，永远记住通货膨胀和利率的风险。

通货膨胀对投资市场的影响一般体现在两个方面：债券和股票。由于存在固定收益率，使一些投资者成了债券的拥趸，通货膨胀会给这些人带来十分不利的影响。

债券的收益计算公式为：实际利率＝名义利率 - 通货膨胀率。正常情况下，物价稳定，实际利率和名义利率是一致的。但是，出现通货膨胀后，由于名义利率是固定不变的，实际利率就会下降，导致投资者的收益下降。

举一个例子：投资者用 1000 元投资债券，名义利率为 2%，那他的收益就是 20 元，这些钱正好可以买一个西瓜。可如果出现了通货膨胀且通货膨胀率为 1%，西瓜的价格上涨，投资者获得的 20 元收益就只能买半个西瓜，此时，投资者的实际利率就变成了 1%。这就意味着曾经的 20 元现在只有 10 元的购买力，收益看似不变，实则是减少了一半。

那些热衷于固定收益的投资者必须学会面对通货膨胀，否则在通货膨胀来临之际只能白白遭受损失。巴菲特对于债券的观点是减少长期债券的持有量，他表示："买了长期债券就相当于在 30 年内把自己的'钱'贱卖了。在通货膨胀时期，这好比一种自杀行为，就像提前几十年给伯克希尔公司出厂的纱锭定了价一样。"

伯克希尔公司投资了很多保险公司，而保险公司往往都是投资债券，可以获得稳定的收益。伯克希尔公司只持有很少量的长期债券，当通货膨胀来临时，巴菲特可以及时从债券中抽身，转而去囤积现金，这种异于常人的洞察力让他将通货膨胀造成的损失降到最低。

其实，任何公司都在通货膨胀中捞不到半点好处，但由于巴菲特和芒格两人的存在，和大多数公司相比，伯克希尔公司早就做好了迎接通货膨胀的准备，不至于亏损得特别严重。

由于债券的收益下降，加上货币发行量远远大于流通所需的数量，大量的资金会流入股市，造成短时间内股票交易频繁，股价飞涨，使得股市出现非理性繁荣。一些金融证券、房地产等产品的市场价格也因此开始脱离实际价值，一路飙升。

当一些所谓的权威机构或权威人士对股票做出"合理"的价值理解后，越来越多的投资者开始认同这种价值，大幅增加投入，以至于整个市场的认知都偏离了正确轨道，渐渐地，泡沫就形成了。

一段时间之后，在很多投机者还沉浸在大发横财的美梦中时，一些别有用心的人或已经预感到风险的人开始大量抛售股票，市场的风向此刻又发生了转变，其他投资者也随之抛售，导致股价狂跌，泡沫破碎，股市崩盘。而那些对风险感知迟钝的投资者就会在这场"狂欢"中倾家荡产。巴菲特通过长年的投资形成的投资理念，很好地帮助他减轻了通货膨胀的影响。

最重要的是，巴菲特对通货膨胀有很高的警惕性，无论是在致伯克希尔公司股东的信中，还是在公开的采访和演讲中，他每时每刻都在表达自己对通货膨胀的担忧。而这种警惕性也是普通投资者们需要具备的。

巴菲特说："通货膨胀说不定什么时候就会卷土重来，它不过是在休养生息罢了。"因此，对于投资者来说，时刻做好应对通货膨胀的准备才是最重要的。

13. 盲目乐观是理性投资者的最大敌人

生活中，巴菲特和芒格无疑是两个乐观积极、风趣幽默的人。可只要出现在伯克希尔公司的股东大会上，他们总是表现出一种对近期或未来感到深切担忧的状态。因为在他们看来，乐观主义往往更容易让投资者踏入险境。

巴菲特最令人津津乐道的除了传奇的投资经历，还有为数不多的错误投资。其中，收购戴克斯特鞋业公司更是被他称为"可以载入吉尼斯世界纪录的错误投资"，而这次巨大的失误完全是因为巴菲特过于乐观。

1991 年 7 月，伯克希尔公司投资了布朗鞋业公司，该公司的资产和财务都非常优秀，在后续的经营发展中也远远超过了巴菲特的预期。随后，伯克希尔公司又并购了罗威尔制鞋，同样取得了不俗的效果。这也让巴菲特变得越来越自信。

1993 年，巴菲特在面对戴克斯特鞋业公司时，毫不犹豫地选择以 4.33 亿美元收购，并在年报中乐观地表示："戴克斯特的生意足够优秀，甚至不需要任何调整，这是我和查理在我们的投资生涯中看到过的管理最好的公司之一。"

可令人意想不到的是，从 1994 年开始，这家公司的收入和利润开始持续下降，等到 1999 年时，收入已经下降了 18%，营业利润则下降了 57%。临近 2000 年时，戴克斯特鞋业公司的经营已经回天乏术。

在收购戴克斯特鞋业公司这件事上，巴菲特似乎跨出了自己的能力圈，他坚信美国对于进口鞋的需求会逐渐下降，可事实并非如此。1999 年，美国本地消费的 13 亿双鞋中，93% 都来自海外。

同时，芒格也犯了一个很大的错误，他和巴菲特在分析戴克斯特鞋业公司时，忽略了护城河，几乎将所有精力都放在了收购价格上。

而最糟糕的是，由于巴菲特非常看好这次投资，他用来收购戴克斯特鞋业公司的钱，是用伯克希尔公司的股份支付的。当时伯克希尔公司的股价为 16765 美元，而如今伯克希尔公司的股价已经涨到了 60 多万美元，粗略计算下来，等于巴菲特的这笔投资，让伯克希尔公司间接损失了 100 多亿美元。

乐观主义是一种积极的处世态度，本身并没有什么错，但它却不适合出现在投资中。因为它会让人变得盲目兴奋，忽略身边潜藏的风险。就像巴菲特说的："一个人最大的风险，就是意识不到自己有风险。"

最典型的例子就是投资市场中的牛市，20 世纪 60 年代，美国股市出现大牛市，在 1968 年，纽约大盘的日平均成交量高达 1300 万股，当年 6 月增长至 2100 万股，越来越多的新股开始疯狂涌进市场。而此时巴菲特已经萌生了隐退的想法，年底牛市暂缓，道琼斯指数以 800 点收盘，一些被无限拔高的股票价格出现断崖式下跌。

可就在牛市即将结束时，又出现了一批统称为"漂亮 50"的股票，号称价格永远会上涨，任何价位都是安全的。随后人们开始抢购这些股票，1972 年，"漂亮 50"的平均市盈率高达惊人的80 倍，而已经解散公司的巴菲特却反其道而行，在"漂亮 50"以外寻找自己中意的股票。等到 1973 年，"漂亮 50"的泡沫彻底破灭，股票市值大幅下降，巴菲特在此期间趁机购买了一大批廉价股票。

后来，巴菲特在回忆这段经历时表示，华尔街的投资者们总是给自己一种过于乐观的感觉。

　　事实也确实如此，当投资者们过于乐观时，往往对股价的快速增长率、对总体投资回报的预期都比较高，他们在股票的价格持续攀升时，会盲目相信股价还会继续涨下去，甚至中途花费高价补仓，完全低估或忽视自己所面临的风险。即使内心有所警惕，可由于盲目乐观，还是愿意就此赌上一把。遇到股票持续下跌也是如此，投资者会总想着用不了多久，股价还会重新涨回来，迟迟不肯止损，他们的侥幸有时候就是源自内心的乐观。

　　因此，巴菲特更加钟情于悲观的态度，他解释说："价格下跌的共同原因是投资人对投资信息，抱持悲观的态度，这样的心理有时针对的是整个市场，有时针对的是特定的公司或产业。"

　　巴菲特的强大之处在于不管股票市场涨跌，他都保持足够的理智，将价值投资作为"锚"，使自己一直保持在安全区内，降低乐观主义的影响。

　　而关于投资的心态，巴菲特则告诫投资者们："盲目的乐观是投资者以高出它价值的价格购入股票的'罪魁祸首'，投资的真正意义在于花尽量少的钱买入最值得的东西，然后等待升值，从这个意义上讲，乐观主义真的是投资者必须摒弃的'恶习'。"

14. 不必对某一类股票持有偏见

　　投资需要绝对的理性，任何投资决策都要以自己的投资理念为核心，只要市场中的股票符合自己的投资理念，投资者大可放心投入。千万不要对某一类股票持有偏见，一旦心生偏见，大概率就会错过赚钱的机会。

黄金的稀缺性使它具有很高的价值，时至今日，黄金的魅力依然有增无减，甚至在投资界，这种金灿灿的"硬通货"经常被人作为抵御通货膨胀的手段。巴菲特却并不怎么喜欢黄金，因为黄金的属性与他长期坚持的投资理念相悖。

巴菲特反对黄金的投资立场由来已久。早在 1998 年，巴菲特在哈佛大学演讲时表示："我们把它从非洲或者其他地方的地下挖出来，予以冶炼熔铸，然后再去找个新地方挖个坑重新埋下去，还要花钱雇人看守。这一切都是无用功。如果有生命在火星上观察着我们的这种行为，一定会大惑不解。"

巴菲特认为黄金的实际用途很少，这对一个商品来说是致命的弱点。开采出来的黄金大多都会被加工成珠宝首饰，也许还会有一些其他的用途，但仅仅是这些不足以支撑起广泛的需求。像铜、铁等非生产性资产，至少拥有广泛的用途，它们的价格还能通过需求的增长而提高。

此外，黄金是不具备生产能力的。巴菲特解释说："黄金本身变不出更多的黄金，也变不出其他任何价值。收购油田，它能产出石油；收购工厂，它能制造产品；投资股票，它能带来股息。可是，如果你购买了一盎司黄金，几百年之后，它也只是一盎司黄金而已。"

在 2018 年伯克希尔公司股东大会上，巴菲特对投资黄金和投资股票进行了比较，并以 1942 年自己的第一笔投资为例，他表示：

"如果你将自己从生意中赚到的美元，全部购买了黄金，1 美元的投资得到的收益还不足 1 分钱。但是，每当你被新闻头条吓到的时候，人们都会告诉你去买黄金。"

鉴于巴菲特对黄金的态度，所有人都认为他这一辈子基本上不可能与黄金产生任何交集。然而，巴菲特在 2020 年一反常态，斥资 5.64 亿美元收购了 2092 万股巴里克黄金的股票。

巴里克黄金始建于 1983 年，经过 40 余年的发展，这家公司的业务范围已经覆盖了北美洲、南美洲、大洋洲、非洲等地区的 15 个国家，在 2023 年，该公司的营业收入达到了 113.78 亿美元，归母净利润为 12.72 亿美元，发展非常稳定。

实际上，巴菲特投资巴里克黄金的理由很简单，因为该公司的股票符合他对一只好股票的定义。的确，正如巴菲特所说，黄金的价值并不是由自身的实际用途决定的，而是由市场的需求和供应关系决定的。但是，巴菲特这种消极的态度只针对黄金，并非针对整个与黄金相关的行业，那些以黄金为主要业务的公司，只要能够满足巴菲特的投资要求，他也会毫不犹豫地进行投资，因为相较于一款产品，他更加看重一家公司的潜力。

其实早在 1993 年，巴菲特就在致伯克希尔公司股东的一封信中解释了关于投资的问题，他表示："伯克希尔公司未来会投资哪些产品，现在没有定论。最关键的是我们是否有足够的运气同时找到满足要求的经济形态以及愿意一起共事的管理层。如果这两个条件都具备，我们可能会投资该公司。"

大多数投资者在投资中很难保持绝对的理性，有时候他们会因以往成功的经历而过于迷恋某一个行业或某一类股票，还会因投资失败而对某一类股票心生偏见，敬而远之。这种心态对投资是一种阻碍。

对投资者而言，坚持价值投资没有错，但一味执着于某一类别的价值投资就是偏见，无论是喜好还是反对。股票本身没有好坏之分，关键在于投资者如何看待股票，放下偏见，保持理性，才能更好地把握住投资机会。

15. AI 变革、新能源的浪潮下怎么做投资

2022 年，美国人工智能研究公司发布了一款名为 ChatGPT 的机器人聊天程序，一时间将人工智能推上舆论的风口浪尖，而相关公司的股价也随之飞涨。面对新的风口，投资者们跃跃欲试，可巴菲特和芒格对此十分谨慎。

在 2023 年伯克希尔公司股东大会上，巴菲特和芒格针对当前异军突起的人工智能和新能源发表了自己的看法。

芒格说："比亚迪的工厂中拥有很多机器人，它的使用率非常高，我认为机器人在未来的使用范围会越来越大，使用频率会越来越高。但是，我对人工智能的炒作是不太理解的。"芒格肯定了人工智能的发展及重要性，但对目前人工智能掀起的热潮保持怀疑态度，并表示投资者一定要做好未来比现在赚得少的准备。

巴菲特的态度与芒格基本一致，他表示技术的发展是必然的，

世界一直处于新事物取代旧事物的过程中，只不过人工智能的发展要比自己预料的快得多。

随后，他又提到了比尔·盖茨曾带领自己参观 GPT 等新技术产业，这些技术虽然可以做到很多事情，但截至目前，人工智能依然比不上人类。巴菲特还特意举了一个例子，他表示："人工智能可以做很多事情，但它不能讲好笑的笑话。"

在人工智能即将带领人们跨入新时代的时间节点，巴菲特和芒格对人工智能的谨慎态度，与大众群体显得格格不入，甚至引起了一些技术乐观主义者的不满。可也正因为很多人都在为人工智能的发展感到乐观时，这种不和谐的声音反而更值得人们思考。

巴菲特认为当前的人工智能赛道与当初的消费电子行业类似，存在一定的风险，缺乏成熟稳定、适合价值投资的标的，更适合风险投资和私募股权。因此，巴菲特并不赞成在投资中盲目抢占人工智能的风口。

与人工智能相反，巴菲特对新能源则保持着积极乐观的态度，他认为整个世界都在尝试从传统能源转向新能源，在这场变革中会产生很多机会。其实，早在 20 多年前，巴菲特就开始在能源行业布局，1999 年，伯克希尔公司以 20 亿美元收购了中美能源控股公司，更名为伯克希尔·哈撒韦能源公司，旗下有太平洋电力公司、中美能源公司、NV 能源公司、北方电网公司等。截至 2022 年底，伯克希尔·哈撒韦能源公司已经在风能、太阳能、地热能等项目中投资超过 316 亿美元。巴菲特在 2022 年致伯克希尔公司股东的一封信中写道："伯克希尔能源公司已成为美国大部分地区的公用事业发电厂和风能、太阳能及输电领域的领先力量。"

巴菲特在积极投资新能源领域的同时，仍没有忘记传统能源，西方石油和雪佛龙成为伯克希尔公司的重仓就是最好的证明。相关资料显示，伯克希尔公司目前共持有大约 2.08 亿股西方石油的股票，持股比例达到了 23.1%，是西方石油的最大股东。

巴菲特断言，未来必定是一个传统能源和新能源共存的时代，这也是巴菲特努力实现从传统能源向新能源转变，却同时不断加仓传统能源的重要原因。在大多数人的认知中，新能源才是未来，可传统能源作为资源储备根本无法短时间内被抛弃，反而会随着能源的减少而变得更加稀有。

巴菲特和芒格作为投资者，对人工智能技术和新能源的认可，是站在时代发展的长远角度上做出的判断，并没有将这种符合未来发展方向且短时间内快速增长的表象作为选择投资标的的唯一考量依据。

从二人在面对人工智能和新能源两个投资风口的表现来看，他们的投资更像是在投资人类真实的未来，而不是被新技术、新能源占据全部生活的乌托邦。

03

专长主义：专注熟悉领域

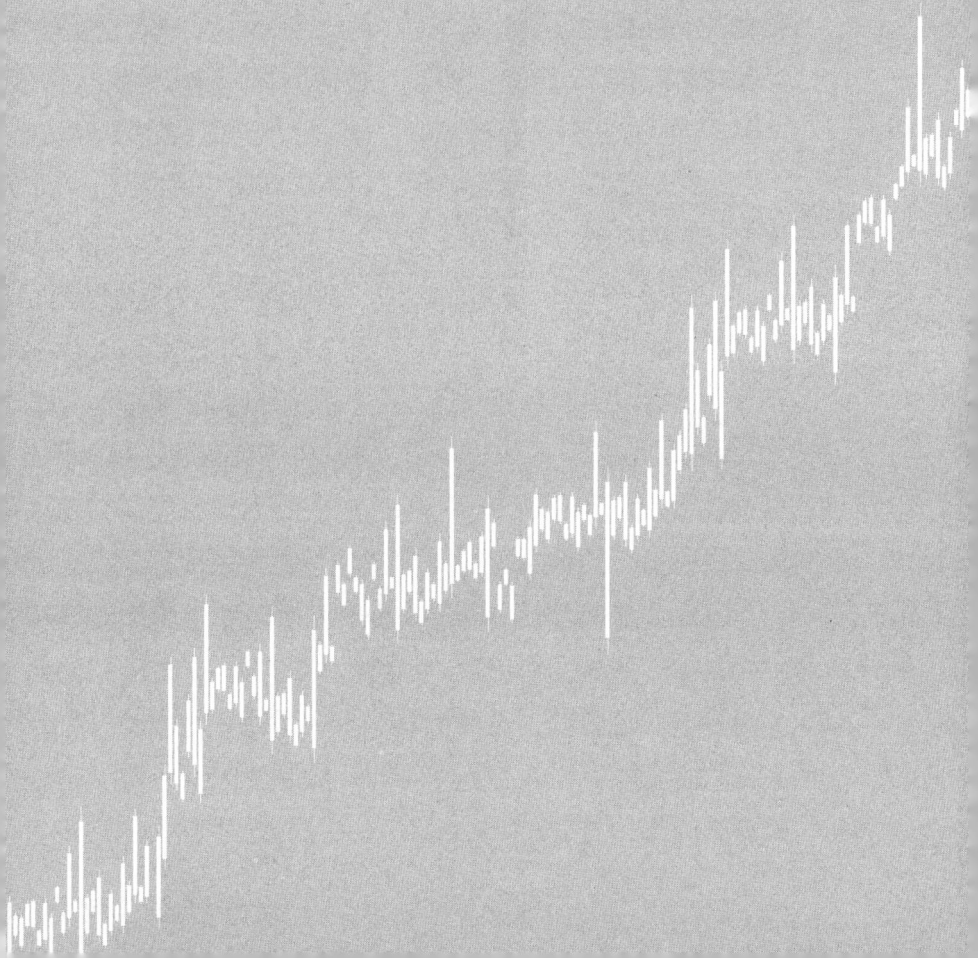

巴菲特曾说过："术业有专攻，投资最重要的事情是知道你自己理解哪些行业，以及什么时候你的投资决策正好在自己的能力圈内。"在能力圈内行事，能让自己的投资处于一种安全的环境下，减少进入风险区域的概率，对投资的成功率有很大的提升。

1. 划定能力圈，认识自己是最重要的投资

1996 年，巴菲特在致伯克希尔公司股东的一封信中写道："投资者真正需要的是对所选择的企业做出正确评估的能力，请注意'所选择'这个词语，你并不需要成为一个通晓每一个行业、每一家公司业务的人。"

巴菲特强调投资需要量力而行，一个人的能力毕竟是有限的，只有在自己的能力圈内行事才能保证决策的合理性。

能力圈，一般是指自己最熟悉的领域。芒格给出了一个更好

理解的解释：当自己拥有某一个观点时，如果与全世界最有能力和资格反驳该观点的人进行争论，你无法证实该观点的正确性，那就不配拥有这个观点。反之，当我们对一件事有足够正确且深刻的认识，任何人都无法驳倒我们时，这件事就在自己的能力圈之内。

2003年，芒格受邀为加利福尼亚大学圣巴巴拉分校经济系的学生演讲。在演讲中，芒格提到了德国物理学家马克斯·普朗克的一则趣闻：马克斯荣获诺贝尔物理学奖后，经常被邀请去各地演讲。有一次，已经对演讲内容了如指掌的司机向马克斯提议两人互换身份，马克斯觉得十分有趣就答应了下来。

当演讲结束时，一位物理学家站起来问了一个非常专业的问题，司机灵机一动，回答说："在慕尼黑这样发达的城市里，居然有市民会提出如此简单的问题，这让我太吃惊了，还是让我的司机来给你解答一下吧。"

在芒格看来，明确自己的能力圈范围非常重要。巴菲特对此深以为然，他表示："能力圈的大小并不重要，清楚自己的能力圈边界才是至关重要的。"

这种对能力圈的坚守，是巴菲特的投资智慧，同样也是制胜的法宝。他掌舵的伯克希尔公司，超过80%的投资集中在三个行业：金融、信息技术和必需消费品。

金融是巴菲特最早接触的行业之一，尤其是保险业务。早在学生时代，巴菲特就跟随老师格雷厄姆接触到保险公司，对保险各方面的知识都有很深的了解，后来，他还参与了保险公司的经营和管理。时至今日，伯克希尔·哈撒韦再保险集团、盖可保险公司、通用再保险公司依然是伯克希尔公司的支柱产业。

此外，巴菲特对银行业务的理解和实践也是相当深入，他特别中意零售银行业务和信用卡业务，曾长时间持有美国运通、富国银行等公司的股票。

必需消费品是指人们日常所需的商品服务，从食品到卫生用品都属于消费品。在巴菲特看来，消费品讲究的是供求，而影响供求关系的是一家公司的产品力、品牌力和渠道力。只要厘清其中的关系，就能判断出一家公司是否值得投资。巴菲特几乎没有在必需消费品投资上栽过跟头，他投资的可口可乐、喜诗糖果、吉列都为他带来了很高的收益。

信息技术行业在巴菲特这里是一个另类，这里的信息技术行业特指苹果公司。巴菲特曾经很长一段时间都避免持有科技股，主要原因是他认为高科技行业在自己的能力圈之外，至于购入苹果公司的股票，完全是因为这是一家好公司。在他眼中，苹果公司更像是一家消费品公司，其中品牌力、创新力和资本回报政策是吸引巴菲特的点。尤其是资本回报政策，能为投资者带来巨大的收益。在致伯克希尔公司股东的一封信中，巴菲特提到仅2021年一年，伯克希尔公司就从苹果公司收取了7.85亿美元的股息收入。

实际上，巴菲特的投资涉及范围很广，除了金融、信息技术和必需消费品这三个行业，还有地产、能源、运输、零售、通信、制造等。只不过巴菲特在投资中更偏爱这三个行业，因为它们处于他的能力圈内，至于后来涉足其他行业也是拓展能力圈的结果。

那投资者该如何划定能力圈及其边界呢？芒格认为可以将所接触的事情分为三类：可以、不行、太难。简单来说，"可以"是指知道且了解的部分，"太难"是指知道但不了解的部分，"不行"是指不知道也不了解的部分。投资者需要做的就是找到"可以"的领域，并实事求是地评估自己的优势和劣势，将精力全部放在有胜算的事情上。

巴菲特说："如果你知道能力圈的边界所在，你将比那些能力圈虽然比你大5倍，却不知道边界所在的人要富有得多。"如果投资者知道自己有多大本事，就不会去玩那些别人玩得好，而自己却一窍不通的游戏，只会在自己的能力圈内竞争。如此一来，他们就会比那些随心所欲投资的人更容易获得成功。

2. 找到你不擅长的事情，然后避开它

巴菲特说："每个人都有自己的特长，我们无须把精力和资源都投注在不擅长的地方。唯有集中注意力去做自己最拿手、最有把握的事，这样才有可能获得成功。"因此，对于投资者来说，扬长避短才是成功之道。

管理学中有一个"木桶效应"，指的是一只水桶能装多少水取决于最短的木板。很多人由此受到启发，开始拼命弥补自己的短处，可事实上，对个人的发展来说，充分发挥自己的长处远比填补自己的短处要有效得多。

在 2022 年伯克希尔公司股东大会上，芒格强调了扬长避短的重要性，他表示："有两件事情我们从未做成过，第一件是我们从未在不感兴趣的事情上成功过；第二件是我们从未在不擅长的事情上成功过。如果你认为自己足够聪明，能将不擅长的事情做好，但事实上你是做不到的。"这句话就曾在巴菲特身上得到过验证。

1956 年，巴菲特初出茅庐，创办了自己的公司，并进行了第一次控股尝试，试图通过介入企业经营，来实现企业价值的提升。结果非常糟糕。尽管他付出了很多努力，情况却没有一丝好转的迹象。最后，在芒格的建议下，他邀请哈利·波特尔掌管该企业，事情才出现了转机。

后来，巴菲特吸取了此次投资的教训，一方面完善了自己的投资理念，另一方面放弃了干预企业经营的念头。对他而言，与其他事务相比，投资才是自己最擅长的领域。

1965 年，巴菲特正式接管伯克希尔公司，当时纺织业日薄西山，该公司在过去的几十年里关闭了大部分工厂，只剩下两家。不过，市场对人工纤维的需求依然旺盛，让很多人看到了行业复苏的希望。时任公司总裁肯·蔡斯希望和巴菲特探讨一下工厂未来的规划，巴菲特却避而不谈，将工厂中与纺织有关的全部业务交给蔡斯打理，自己负责管理资金。

实际上，巴菲特从未想过怎样去拯救工厂的业务，他并不擅长这种事情，与之相比，还是投资更容易让他感到兴奋。因此，当蔡斯希望工厂能扩大规模，并为他描绘了很好的前景时，巴菲特只是站在投资的角度看待这个问题，他表示自己不关心销售额，只在意利润和投资的比率，并以"当前的投资方案无法超越过去的平均盈利水平"的理由对建议进行了明确的拒绝。

在之后的两年里，纺织品市场一片繁荣，伯克希尔公司获利颇丰。在纺织行业，公司必须不断为工厂和设备进行投资，但巴菲特没有将盈利的钱投入纺织工厂中，反而还强烈要求蔡斯不断削减公司的经营成本，甚至还关闭了一家工厂。

在巴菲特眼中，伯克希尔公司不只是一家纺织公司，还是一家资本支出能获得最大收益的公司。于是，在未来的一段时间，人们听到了很多匪夷所思的消息：一家纺织公司收购了一家保险公司、一家报业公司。

事实证明，巴菲特的决策是对的，在 1970 年，伯克希尔公司从纺织工厂中获得的利润只有 4.5 万美元，而从投资中获得的利润是 470 万美元。两条盈利途径所占用的资金量是差不多的。

对于不擅长的事情，远离是非常明智的选择。虽然一些人可能具备克服"不擅长"的能力，但尝试不擅长的事情往往是一种既耗费时间又耗费资源的行为。相对而言，如果一个人将自己的时间和精力投入擅长的领域当中，就更有可能获得成功。

芒格在谈及自己和巴菲特不愿投资高科技企业的问题时表示，每个人都必须搞清楚自己拥有哪方面的才能，尽情发挥自己的优势。而一些智商很高的人在投资中屡屡失败，根本原因就在于此，他们自认为可以克服挡在面前的所有阻碍，可事实上，任何冲动和盲目都不会带来好的结果。

真正聪明的人是不会冒着风险去做自己不擅长的事情，只有做自己擅长的事情才会有更大的把握，千万不要去尝试那些竞争激烈，自身又毫无优势的游戏。

3. 投能理解的公司，不投看不懂的公司

优秀的投资者往往对自己投资的公司有深层的理解，他们熟悉公司的经营、行业的细节等一切与之相关的因素，在进行投资决策时就能很大程度保证其合理性。

1998 年，以网络和计算机为核心的高科技行业快速崛起，人们纷纷涌入高科技市场，而股市中的高科技板块也随之陷入狂热，投资者们大肆抢购股票，只需要转手一卖就能获得巨额差价。

在这场狂欢中，一向以眼光独到著称的巴菲特却选择按兵不动，根本就没有参与的意思，让人难以理解。而面对一众股东的疑惑，巴菲特给出的答案也非常简单："我不懂。"

在投资中，巴菲特向来不碰那些自己不清楚、不了解的公司，他认为如果自己对所投资的公司不了解，就无法判断它的经营状态、未来发展，也就无法确定公司的价值。而一个投资者不确定公司价值就随意投资的话，那么，他就不是在投资，而是在赌博。

巴菲特曾经将投资比喻成打篮球，在熟悉的场地，站在熟悉的位置，用自己熟悉的那只手，将球砸向自己最熟悉的篮筐，只要将这一套动作做得非常熟练，那进球得分就不再是难事。也许有人会质疑，仅投资自己熟悉的公司，是否会错过大把的机会，

是否太没有技术含量了？巴菲特的成就无疑就是最好的答案。

在投资生涯早期，巴菲特投资的很多公司都是自己从小接触的，比如，可口可乐、华盛顿邮报等。巴菲特判断是否熟悉公司的方式很有趣：当他选中一家公司时，他会在脑海中模拟出一个场景：自己是这家公司的继承人，应该对公司做些什么？需要考虑哪些东西？竞争对手是谁？客户又是谁？与同行业的其他公司相比，这家公司的优势是什么？劣势又是什么？将这些东西全部搞清楚后，就能真正了解这家公司。

他之所以一直没有投资高科技公司，就是不够了解也无法理解。巴菲特曾在采访中表示："即使我更早一些认识比尔·盖茨，我仍然会错过微软，因为那是我不擅长的领域。"

后来，巴菲特和比尔·盖茨再次见面时，盖茨还以此事开玩笑，询问巴菲特不愿投资微软是不是不相信自己的领导能力。巴菲特的回答异常严肃，他反问说："你能预测到未来计算机和网络发展的方向吗？10年之后的计算机和网络发展会是如何呢？"盖茨实话实说："预料不出。"巴菲特解释说："作为目前最有市场头脑的软件工程师，连你都无法预测高科技行业未来的发展方向，更何况是我？我又怎么敢去投资微软呢？"在他看来，只有足够理解才能做出相对安全的决策。

巴菲特看中可口可乐最主要的一条理由是，全世界的人都会口渴，而人们一旦喝过可口可乐就无法忘记它的味道，这一点在可口可乐的发展历史中已经得到了证实，同样，这也成为可口可乐的竞争优势。巴菲特将这种优势称为"未来注定必然如此"，以此就可轻松预测出在稳定发展的情况下，可口可乐在未来 10 年、15 年，甚至 20 年后的经营状况。

巴菲特说："我喜欢那些不太可能发生重大变化的公司和产业，因为这样的公司和产业我更容易了解和掌握。至于那些迅速转变的产业环境，也可能会提供巨大的成功机会，但是，它们的不确定性让我只能将它们排除在外。"正是这种对了解公司全部信息的执着，巴菲特才能以一种最简单的方式积累起庞大的财富。同样，也正是因为他追求稳定，才成功避开了 1999 年网络股泡沫等一系列投资陷阱。

后来，巴菲特还是投资了高科技产业，比如，Level 3 通信公司、IBM、苹果公司等。不过此时，他已经对该领域有足够的了解，在和比尔·盖茨、沃尔特·斯科特等人深入交流后，他对科技的理解也越来越深刻，并得出自己独特的见解。

2011 年，巴菲特接受美国消费者新闻与商业频道访问时，记者问道："这次投资 IBM 公司是不是改变了你投资科技股的原则？"巴菲特解释说："我研究所有的股票，但大部分公司我根本就无法预测它们未来的经营发展前景。经过一段时间的了解，我认为 IBM 是一家帮助 IT 部门把自己的工作做得更好的公司，它更像是一家服务公司，而并非简单的硬件和软件公司。"

巴菲特在投资中很少失败的原因，就在于对不熟悉、不了解的领域不轻易投资，避免了很多因判断失误带来的风险。如果将一类公司完全弄明白，那剩下的日子就可以不停地拿它盈利，并且不断重复。

4. 挑选适合自己的投资工具

　　金融市场中的投资工具种类繁多，常见的有股票、债券、储蓄等，复杂的有保险、地产、期权、期货等。不同的投资品种所带来的效果自然也就不同，投资者只有选择适合自己的投资工具，才能在后续的投资生涯中无往不利。

　　巴菲特主要的投资工具是股票和保险。由于父亲霍华德是一名股票经纪人，巴菲特从小就开始接触股票，并在11岁时购买了人生中第一只股票，后来，他在哥伦比亚大学求学期间成了格雷厄姆的学生。当时，格雷厄姆是知名的投资大师，有着"华尔街教父"的美誉，而他的投资理念对巴菲特产生了深远的影响。

　　年轻时代的经历让巴菲特对股票这种投资工具非常熟悉，并积累了丰富的投资经验。随着年龄的增长、阅历的增加，巴菲特逐渐对股票有了自己的认识，他将股票投资分为低估、套利、控制三种类型。

　　其中，低估类投资是指市场中企业价值被严重低估的股票，等到市场强势上涨时，这些股票会为投资者带来巨大的收益；套利类投资是指一些出现出售、并购、重组、分拆等情况的公司股票，在市场下跌时，这类投资会产生奇效；控制类投资是指通过大笔交易买入公司股票，实现部分或完全控股，拥有干预公司发展的能力。而这三类投资几乎囊括了巴菲特投资生涯中所有的投资。

　　保险与股票一样，巴菲特也非常熟悉。1951年，巴菲特在格雷厄姆门下学习时，格雷厄姆是盖可保险公司的董事长。于是，巴菲特跑到盖可保险公司调研，当时的公司副总裁热情地接待了他，并与他详谈了4个小时，让他对保险业务有了深入的了解。随后，他也少量购买了一些股票，并在第二年卖出，小赚一笔。自此，保险成为巴菲特在投资中的另一把利器。

如今，伯克希尔·哈撒韦再保险、盖可保险、通用再保险等投资，让伯克希尔公司获得了大量的浮存金（保户向保险公司交纳的保费）。在2019年致股东的一封信中，巴菲特也专门谈到了"保险、浮存金和伯克希尔公司的资金"的话题，他明确表示正是保险业务带来的浮存金才让伯克希尔公司不至于有太大的投资压力。

事实上，巴菲特使用的投资工具还有基金、债券等，但使用最频繁的依然是股票和保险，即使一些投资品种的确能带来更大的收益。巴菲特之所以如此保守，是因为他认为股票和保险是最适合自己的投资工具。

在2003年伯克希尔公司股东大会上，有人询问巴菲特，能否列出几种最适合投资的投资工具，并对它们的优先级进行排序？巴菲特回答说："有很多事情，我们觉得自己有能力做出判断，也有很多事情，我们没有能力做出判断，因此，我们希望将投资领域缩小到我们可以理解的业务。尽管有很多我们不能理解的业务，但还是有一些公司业务我们能理解。你知道，就算我今天排个序，明天情况可能就变了，我们不会只考虑资产类别。"

芒格随后补充说："你要求我们在两三个目前不太感兴趣的活动中确定一个优先顺序，这不是我们愿意花很多时间的事情。换句话说，我们之所以有这么多现金，是因为我们目前不太喜欢这些领域。花时间去思考我们显然不会做的事情的先后顺序，对我们来说是毫无意义的。"

巴菲特和芒格两人认为评判投资工具的优劣是一件没有意义的事情，很多事情都会随着时局的变化而变化，找到最适合自己的投资工具才是最重要的。

但是，有些投资人说："你应该把 50% 的钱投在债券上，35% 的钱投在股票上，还有 15% 的钱投资某种资产。"巴菲特对此嗤之以鼻，认为这是无稽之谈。2008 年美国爆发的次级房贷危机就让那些盲目相信投资能力的人，将资金分散投资次级房贷的基金、债券、保险等，这种投资组合非但没有让投资者们赚钱，反而让他们破了产。

通过巴菲特的经历和选择来看，投资工具自然是越简单越熟悉越好，工具熟悉使用起来才能更加得心应手。他在给商学院的学生演讲时，提到了"一直选择做拿手的事情"的观点，这个道理非常简单，正因为擅长，才更不容易失误，才更有可能获得长期的、持续的成功，而投资恰恰是需要长期且持续的过程。

因此，对投资者而言，使用什么样的投资工具并不重要，关键在于适合自己，更何况投资中最重要的并不是工具，而是策略。操作简单熟悉的工具只有加上合理的策略，才能发挥出更大的效果。面对变化莫测的投资环境，投资者更应该隔绝外界嘈杂的声音，跟随自己的本心找到最适合自己的投资工具。

5. 给非专业投资者的忠告：想破产，用杠杆

杠杆是一种常见的投资策略，简单来说，投资者可以用较少的资本参与大规模的交易，从而提高收益。但高收益往往伴随着高风险，一旦投资失败，投资者可能会倾家荡产，债台高筑。

对于投资中的杠杆，芒格和巴菲特都保持着坚决的反对态度，芒格表示："令聪明人破产的三个方式——毒品、酒和财务杠杆。"事实上，他们也都在投资中使用过杠杆，可也正因为接触过，才真正了解它的可怕。

举一个例子：在常规投资中，投资者的本金为10万元，买进了1000股某股票，股价为每股100元。当股票价格上涨2%时，这笔投资就盈利2000元；当股价下跌2%时，本金就还剩9.8万元。

如果为这笔投资加上10倍的杠杆，情况就会大不一样。投资者将10万元本金作为保证金，就会获得100万元资金的使用权，从而可以买进1万股股票，当股价上涨2%时，盈利就能达到2万元。相对地，亏损也是如此，当股价下跌2%时，本金就只剩下8万元。

所谓保证金，是指投资者在使用杠杆时，需要缴纳一部分资金作为交易风险的担保。当投资出现亏损时，投资者需要及时追缴保证金，使其恢复到最初水平或者必须维持的最低余额。如果投资者未能按时追缴保证金，就会被强制平仓。如果亏损达到或超过了保证金的金额，就会出现爆仓的情况，投资者就会负债。

由此可见，投资者使用杠杆进行投资时所能承受的跌幅，会

随着杠杆倍数的提高而降低。比如，投资加 10 倍杠杆，那这笔投资所能承受的下跌幅度为 10%；如果杠杆加到 200 倍，那下跌幅度的极限就为 2%。这种独特的限制大大提高了投资亏损的风险。

世界上有成千上万的投资者试图以这种豪赌的方式致富，成功者却寥寥无几。在 2023 年每日期刊年度股东大会上，芒格提到了投资中的杠杆问题，他表示自己和巴菲特在步入晚年后，很长一段时间都没有再使用杠杆，只不过最近在购买阿里巴巴的股票时又使用了一次。可惜的是，这一次他并未延续年轻时的运气，在股票下跌时，他也不得不选择卖掉这些股票。

在问答环节中，主持人询问芒格，使用杠杆是不是违背了他的原则？芒格回答说："有时我会问自己一个问题——如果你认为某只股票绝对会成功，你会用你净资产的多大比例去买入它？如果你是对的，如果你认为投资是有必要的，那么答案可能是 100%，或者 150%。没有人去教人们这种金融思维。但是如果你真的这么做了，有足够逻辑支持的答案很可能是 100% 或者 200%。"

在投资中使用杠杆这件事，对于芒格来说的确有些反常，他却认为自己这样做是对的，因为那次的投资机会确实好得有些离谱，值得自己为它冒险一试。

芒格反对杠杆，但并不否认杠杆的强大。他自己用过杠杆，巴菲特也用过，甚至在银行业投资的"犹太国库券"产品还在使用，效果也很明显。但是，他认为绝大多数人依然应该远离杠杆，杠杆虽然强大，也要看什么人去使用，怎样使用，芒格并不认为每个人都具备这种能力。

相较于芒格的委婉，巴菲特对于杠杆的态度更为直接，他说："借钱通过杠杆致富是不合理的，股市本就存在风险，加杠杆后风险只会被放大。不要只看到杠杆带来的收益而忽视了杠杆所带来的风险。"

在 1989 年致伯克希尔公司股东的一封信中，巴菲特提到当前伯克希尔公司的投资策略比较保守，如果在可接受的范围内使用投资杠杆，净资产的收益率会得到大幅提升。但是，即使使用杠杆成功获利的概率为 99%，也不应该去冒险。一旦概率中的 1% 触发，那些意料之外的因素会让公司陷入困境，甚至被迫平仓。

毫无疑问，现实中肯定会有人利用加投资杠杆变得非常富有，但他所承担的风险同样是不可忽视的。最重要的是，这种轻而易举获得财富的方式会令人上瘾，一旦获得成功，投资者之后的投资将变得更加疯狂。

巴菲特说："历史向世人证明，几乎所有杠杆的结果都是清零，那些驾驭杠杆的人无一不是绝顶聪明的人。"像巴菲特和芒格这般投资经验丰富的人，都不愿轻易使用杠杆，那对于非专业的投资者来说，杠杆必然是一个灾难。

投资者在投资中使用杠杆后，即使在股价平稳时，也会感到心神不宁，担心自己会因股价下跌而破产。而人在惊慌的状态下，很难做出精准的投资决策，只要一着不慎，所拥有的一切就会烟消云散。

6. 主动远离那些难以解决的问题

一些投资者喜欢迎接挑战，享受"能为人所不能为"带来的成就感。但在巴菲特看来，投资的意义在于花费最小的成本赚取最大的收益，而不是通过挑战难题来证明自己的优秀。更多时候，主动远离难题会使投资变得简单且高效。

巴菲特说："在投资方面，我们之所以做得非常成功，是因为我们专注于寻找我们可以轻松跨越的 1 英尺栏杆，而避开那些我们没有能力跨越的 7 英尺栏杆。也可能看起来不太公平，但在公司和投资中，专注于解决简单容易的问题往往要比解决那些困难的问题回报高得多。"

他以"跨栏"的概念解释了关于投资中解决问题的选择，"1英尺栏杆"指的就是巴菲特常说的在能力圈之内，容易理解的投资，而"7 英尺栏杆"则是超出能力圈或付出代价太大的投资。在体育竞技中，运动员每跳高一英尺，所获得的成绩也就越好，但在投资中却并非如此，投资者在面对"7 英尺栏杆"时所需要付出的成本和承担的风险要更大，而得到的收益不会比面对"1 英尺栏杆"多很多。

巴菲特从来都不喜欢解决难题，在面对那些难以理解的事物，或者无从下手的事情时，他往往选择知难而退，另寻他法。

2008 年，金融危机爆发，美国金融行业遭受了巨大的冲击。由于巴菲特掌舵的伯克希尔公司向来以现金充足著称，因此，它被很多企业视为救命稻草。濒临破产的雷曼兄弟公司和美国国际集团先后找到了巴菲特，请求他施以援手，挽救自家的公司。

巴菲特在阅读雷曼兄弟公司的财务报表时进行了大量的标注，几乎每一页报表上都记录了很多问题。这让巴菲特意识到，雷曼兄弟公司的问题要比自己想象中严重得多。于是，他经过一番思索，拒绝了对方的请求。随后，美国国际集团找到了巴菲特，而巴菲特同样拒绝了对方。

巴菲特解释说，金融危机爆发后，美国的金融公司就像是一块块紧密摆放的多米诺骨牌，只要有一块倒下，其他的公司势必会受到牵连。尤其是像雷曼兄弟公司这样的金融机构，它们的经营往往依赖于客户的信任，如果一家银行门前排满了取钱的人，那些路过的行人也会下意识加入取钱的队伍中，即使此时银行经理向客户保证自家公司经营稳定，资本充足率达到了13%，可客户并不会在乎这些，因为他们根本就不懂资本充足率是什么意思。此刻，即使银行经理说得再多，客户也会怀疑对方是在骗自己。当客户对一家金融机构失去信心时，那一切都将结束。巴菲特认为就当时的情形而言，这些公司在短时间内很难重新建立信誉和威望，他自然不会将自己的钱交给他们处理。

很多难题有时候是不值得解答的，投资者如果整天研究热点、宏观经济和微观经济等各种概念，往往会将自己带入投资的误区当中。对投资而言，化繁为简，以简单的投资换取稳定的收益，才是投资的真谛。

7. 找出失败的原因，避免犯下大错

巴菲特说："投资者几乎无须做对什么事情，他只需能够避免犯重大错误。"在他看来，投资者在投资中只要不犯重大错误，成功是迟早的事情。不过想要做到这一点，投资者就需要格外关注自己和他人的失败，并找出失败的原因，不断为自己敲响警钟。

在现实生活中，人们总是羞于谈及自己的错误和失败的经历，要么避而不谈，要么避重就轻。巴菲特却经常在演讲中讲述自己在投资中犯下的种种错误，甚至几乎每一年他都会在致伯克希尔股东的公开信中，对自己以往犯下的错误进行自我检讨。巴菲特表示："我不会因犯错而感到羞耻，而只会因未能及时纠正错误而感到羞耻。"

在 2014 年致伯克希尔公司股东的一封信中，巴菲特检讨了自己关于投资乐购的失误，他表示："作为谨慎细心的投资者，我对这份报告感到尴尬，我本该早点清仓乐购股份。由于我的懒惰，我们在乐购的投资上犯了巨大错误。"

2006 年，巴菲特开始投资英国零售业巨头乐购，并在后续的 6 年中不断增持，股份一度达到了 5% 以上。乐购在 21 世纪初的 10 年间，销售收入逐渐递增，在 2008 年至 2011 年，它的销售额和净利润均超过了沃尔玛，无论是从发展趋势，还是从财务绩效来看，都是非常优秀的。

但是，乐购的业绩也让很多管理者沾沾自喜，开始贪图享乐，不思进取。网络电商的崛起和金融危机的爆发让乐购的市场占有率急转直下，而管理者虚报利润、财务造假的操作一下子就将乐

购拉进了深渊。此时，巴菲特最好的做法就是立即清仓持有的乐购股票，可他只是抛售了部分股票，这也导致在 2014 年乐购股价大跌时，巴菲特的亏损达到了 4.4 亿美元。

巴菲特这次投资最大的失误并不是投资时选错了公司，而是在发现公司出现问题时，未能及时清仓股票。后来，他在解释自己的行为时说："我闲散的售股方式最后被证明代价高昂。查理将这类行为称为'吮拇指'。考虑到我的延误给我们造成的损失，他这样说真是宽宏大量。"

此次投资失利让巴菲特意识到任何犹豫和侥幸都不应出现在投资中。虽然这次失利让巴菲特的投资能力进一步提升，但是，这种提升是以 4.4 亿美元损失为代价的。

芒格就曾表示："与其浪费时间研究他人的成功经验，还不如看一看别人为什么失败。"亲身经历所带来的经验教训要更为直观，可芒格依然建议投资者去学习他人失败的案例，就是考虑到了成本问题。

对普通投资者来说，一方面没有那么多的试错机会；另一方面试错所花费的时间成本太高，如果任由自己花时间摸索，需要浪费很多时间才能印证自己的判断。最重要的一点是，投资中所有的试错都需要付出代价，这显然并不适合普通投资者，毕竟没有人可以像巴菲特一样能承受这么大的损失。

如果投资者去观察他人犯过的错误、踩过的坑，吸取经验教训，除了思考的时间，几乎是没有成本的。这些经验教训对后续的投资来讲，同样能够起到警示的作用，为成功保驾护航。

1998 年，巴菲特在佛罗里达大学商学院演讲时，解答了同学们对美国长期资本管理公司的种种疑惑。在大多数人看来，这家公司的结局实在是令人费解。

美国长期资本管理公司的核心人员有 16 个人，以华尔街"债券套利之父"约翰·梅里韦瑟为首，其中还有两人是诺贝尔奖得主。无论是从智商上，还是从投资经验上，很难有人能和他们相提并论，可以称得上是梦幻组合。但是，就是这样一群长期在投资领域摸爬滚打的人，居然落得了一个投资失败、公司破产的结局。

巴菲特借用亨利·考夫曼的一句名言为他们的失败做出了总结："破产的有两种人，一种是什么都不知道的，一种是什么都知道的。"这两种人面对投资时，往往很容易变得盲目，前者是不知者无畏，而后者是由庞大的知识量和经验堆砌起来的自信。他们自信地认为靠着数学计算，就能完全规避投资风险，从而不顾一切地加大投入，希望毕其功于一役。可实际上，任何系数都无法与投资风险产生直接的联系，他们的急功近利让自己失去了前半生奋斗得来的一切。

这件事给了巴菲特很大的启发，这些人的资本、学识和投资经验等，全部远高于他，可他们的投资却以失败告终。可见投资者仅凭智商和经验是走不远的，谨慎、耐心、理智等心态同样必不可少。

凡事都有两面性，错误会带来损失，但它同样会让人们意识到问题所在，避免自己犯下更大的错误。不断寻找失败的原因，会给投资路上的自己带来新的成长。

04

价值主义：坚持价值投资

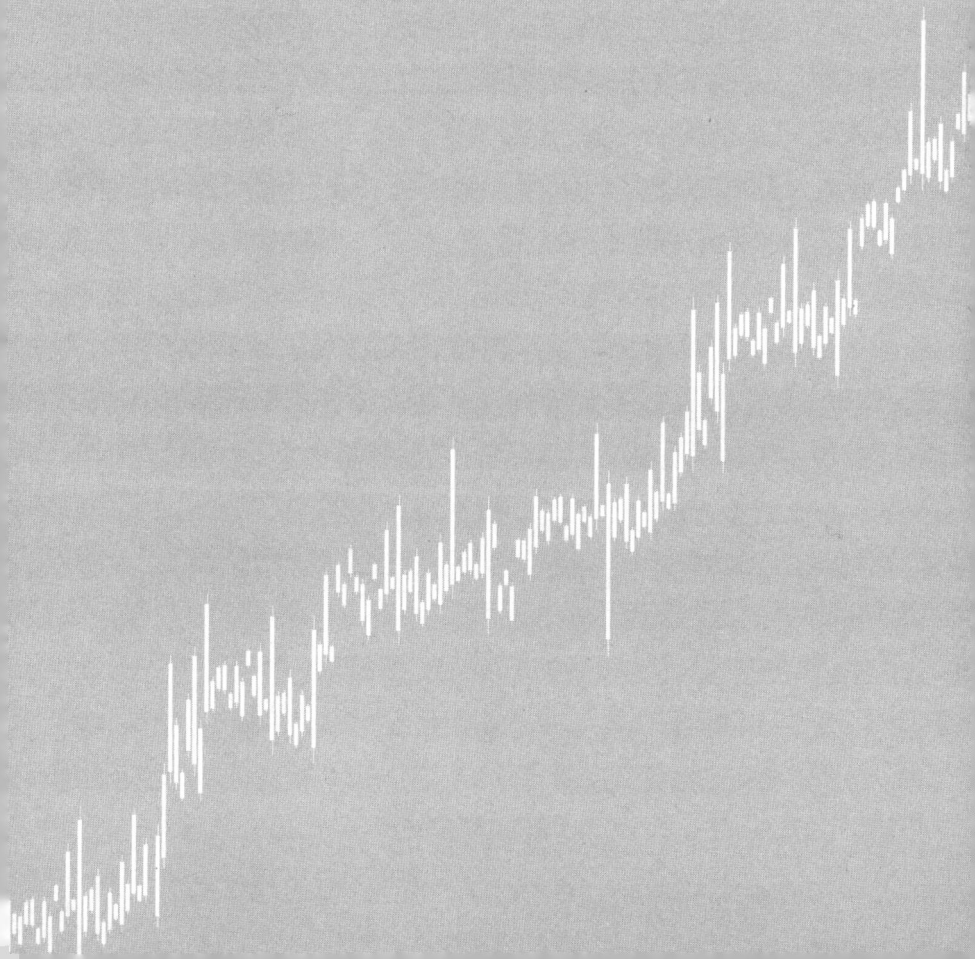

　　巴菲特说："价值投资不能保证我们盈利，但价值投资给我们提供了走向成功的唯一机会。"投资并非无迹可寻，寻找那些具有良好商业模式、优秀管理团队和持续竞争力的公司，并以合理的价格购买它们的股票，必定会获得令人满意的收益。

1. 投资的核心是研究公司的内在价值

　　投资，简单来说就是现在投入一笔钱，在将来的某个时间节点再拿回一笔更多的钱。想要达到这个目的，关键在于对投资策略的选择，巴菲特认为投资应以价值投资为导向，着重研究公司的内在价值。

　　格雷厄姆在《证券分析》一书中指出："企业的内在价值由资产、收益、股息等事实以及可以确定的前景决定。"他通过不断地分析和验证，得出了内在价值、安全边际、市场先生三个概念，为巴菲特的价值投资体系奠定了基础。

格雷厄姆提出的价值投资，是对股票内在价值的分析，是寻找被市场低估的股票的投资策略。

安全边际，是指股票的内在价值和其市场价格之间的差距，它让投资者有了风险缓冲的余地和收益保障。顾名思义，买入股票的安全边际越高，投资者就越安全。

市场先生，是描述市场行为的一个隐喻。格雷厄姆把市场先生比作一个情绪不稳定的人。在投资者和市场先生进行股票交易时，市场先生在报股票价格时总是受到情绪影响。当他开心时，就会报出一个很高的价格；当他非常沮丧时，报出的价格就会很低。因此，市场先生并不都是靠谱的，有时会出现股票价格与其真实价值不一致的情况，这就给了投资者利用信息优势获取超额收益的机会。

格雷厄姆告诉投资者，投资除了投机之外，还有价值投资。经过时间的验证，这一理论至今仍有着很强的现实意义和指导价值。但价值投资的弊端在于过度简化，以及对高质量的依赖，因为数据的获取是非常艰难的工作。

巴菲特十分敬重格雷厄姆，他表示："在投资的罗盘上，格雷厄姆就是到达成功彼岸的唯一指针。"在成为格雷厄姆的学生后，他开始跟随老师学习投资理论和财务分析方面的知识，并逐渐掌握了内在价值、安全边际和市场先生三个投资原则。

在格雷厄姆价值投资的理论基础上，巴菲特又根据整个投资环境的变化，在大量的实践中发现，价值投资需要考虑的内容似乎要多得多。慢慢地，巴菲特给价值投资构建了一个更精准的概念。

在 1983 年致伯克希尔公司股东的一封信中，巴菲特强调了内在价值的重要性，他表示："一家公司的账面价值是记录资本与累计盈余的财务投入，而内在价值则是经济名词，是估计未来现金流入的折现值。假设你花同样的钱去供两个小孩子读完大学，他们两个所花的学费是一样的，即账面价值相同，但未来所获得回报（内在价值）是不同的，可能回报是付出的好几倍，也可能回报远远比不上付出。因此，有些相同账面价值的公司，也会有着截然不同的内在价值。"

巴菲特的解释得到了大多数人的认可。后来，巴菲特又遇到了第二位大师——菲利普·A. 费舍。他在读完费舍的著作《怎样选择成长股》后，大受启发，特意登门拜访这位投资专家。后来，巴菲特在演讲中提到费舍时说："费舍很像格雷厄姆，没有一点架子，优雅大度，是一个非凡的人物。"

最关键的是，巴菲特又接触到一种全新的投资理论，让他对长期投资有了深刻的认识。与格雷厄姆不同的是，费舍强调企业的经营特色和增长潜力，并不在意价格。而这一点恰好弥补了格雷厄姆投资理论上的不足，同时也让巴菲特对投资理论有了一个新的认识。

巴菲特认为格雷厄姆和费舍的投资理论不应独立存在，于是，他开始尝试融合两种理论，吸收了内在价值、市场先生、安全边际、竞争优势、集中投资、长期持有等诸多投资原则，最终形成了自己的投资理念。这也是巴菲特经常在公开场合说自己是"85%的格雷厄姆和 15% 的费舍"的原因。

　　巴菲特总结出的企业内在价值的投资理念，成了他投资生涯中分析股票的利器。可口可乐、喜诗糖果、苹果公司等投资的成功，都验证了价值投资的准确性和适用性。

　　对于整个投资领域而言，巴菲特不仅验证了价值投资的可行性，更值得称颂的是他帮助价值投资理论完成了与时俱进。

2. 一个优秀的企业比优质的价格更重要

　　在投资市场中，投资者们必然会中意公司经营稳定、发展潜力巨大且价格低廉的股票，可如果这两种属性分裂开，就是一个仁者见仁、智者见智的问题。不过在巴菲特看来，在投资中，一家好的公司要比好的股票价格更加重要。

　　在一些投资者眼中，股票是一种让他们赚钱的工具，只要能低价买入，高价卖出，赚得巨额差价即可，至于股票背后的企业如何，根本就不需要关心。巴菲特在投资生涯早期，对投资的态度也是如此，甚至完全忽略公司的价值。

　　1982 年，巴菲特在致伯克希尔公司股东的一封信中写道："我们在投资股票时，只有能够用合理的价格买到足够吸引人的企业才是可行性的做法，与此同时还需要温和的股票市场加以配合。对于投资者而言，如果买入的价格过高的话，势必会抵消掉这家企业未来 10 年的发展所带来的正面效应。"

　　巴菲特强调了股票价格的重要性，但仍然没有忘记对所投资的公司下定义，那就是"足够吸引人"。这也侧面反映了他对公司实力的重视。

在投资中，股票的价格和股票所代表的公司是一个整体，两者在股票分析中是不可或缺的部分，同样重要但又有主次之分。

没有人会否定股票价格的重要性，因为它直接关乎投资者的利益。当一只股票的价格足够低廉时，投资者买入，如果股票价格上涨，就能赚取巨额的差价。可盈利的前提是该公司具有足够的价值，能够在后续的发展中慢慢展现出来，促使股价上涨。如果公司的经营状况太差，前景黯淡，股票就很难有上涨的空间，甚至还会持续下跌，反倒会让投资者亏损。

因此，投资能否盈利取决于选择的公司是否优秀，而能否获得更高的收益则取决于价格是否低廉。一味追求好的价格而忽略公司是否优秀，很容易在投资中栽跟头。

无论股票拥有怎样的属性和特点，价值决定价格是永恒不变的法则，股票的价值自然是取决于公司的潜力。很多投资者对股票价格的判断往往源自对市场的预测，可巴菲特认为没有人能准确预测市场的走向。即使因股市波动，一些股票价格疯涨，呈现出背离公司真实价值的现象，也是少数的不确定性事件或通货膨胀导致，而这些因素不能用以对股票价值进行判断，真正能够影响股价的只有公司的价值。

巴菲特说："如果我已经寻找到了一家令我心动的好公司，那么它在短期内的股市价格波动对我来说就变得毫无意义。当然，我也会偶尔关注一下它的股价，但这只是为了能够寻找到用更便宜的价格增加股份的机会。"

好的公司让投资者不用担心股票价格高，因为当公司呈现很好的成长前景时，股票价格会随着公司的不断发展，涨得更高。

2016 年，巴菲特第一次收购苹果公司股票时，苹果公司股票价格从 1980 年上市时的每股 22 美元，涨到了每股 90 多美元。一年的时间，巴菲特不断增持，共投入 67.47 亿美元，持有苹果公司 1.1% 的股份。

2017 年至 2018 年，巴菲特再次增持苹果公司的股票，累计投入 360.44 亿美元，共持有苹果公司 5.4% 的股份。

当时在投资苹果公司时，股票价格虽然很高，但巴菲特十分看好苹果公司未来的发展，结果三年间共计 360 多亿美元的投入给他赚回将近 1300 亿美元。

在投资生涯的后期，巴菲特在投资时往往会先分析公司的优劣，判断其是否具有投资的价值，然后再观察股票价格，这就是巴菲特所坚持的价值投资的核心内容。

投资者在面对公司价值和价格选择时，内心一定要更偏向于公司价值一点。找到一家真正具有投资价值的公司远比在市场中获得一只低廉的价格的股票更加重要。

3. 不要贪恋"烟蒂股投资法"

"烟蒂股投资法"是一种投资策略，指的是投资者以很低的价格买进一家公司的股票，虽然该公司的经营状况非常糟糕，可只要投资者在公司破产前以略高于购买价的价格卖掉所持有的股票，就能小赚一笔，就好像烟鬼在地上捡起别人扔掉的烟蒂猛吸两口一样。

格雷厄姆强调，在投资中，买入价格与内在价值相比要有足够的安全边际。受格雷厄姆投资理论的影响，巴菲特开始将资金撒入市场，寻找那些"烟蒂股"，并获得了一些成绩。

从1956年至1964年，巴菲特陆续投资了美洲国家火灾保险、共富诚信银行、伯克希尔等公司，除了伯克希尔公司外，其余公司的股票在短时间内都成功变现，且收益率很高。

随后，巴菲特在1965年信心满满地增持了伯克希尔公司的股票，并获得了公司的控制权，但是，伯克希尔公司的发展并不乐观，远没有达到巴菲特的预期。如果想要改善公司的经营，很多地方都要做出调整，完全是吃力不讨好。

1985年，巴菲特关停了纺织业务，对公司进行了清算，花费很大力气将它转型为投资公司。而以伯克希尔公司为平台投资的巴尔的摩百货公司、科恩公司等"烟蒂股"，后续的套现变得异常困难，直到很多年后才成功脱手，幸运的是并未造成损失。经此一役，巴菲特认识到了"烟蒂股投资法"的弊端，后来他回忆起这段往事时说道："烟蒂股虽然能让烟鬼缓解烟瘾，可对于像我这样注重长期投资的烟鬼来说肯定是过不了瘾的，而且一不小心还可能沾上传染病。"

随着股票市场逐渐趋于理性，"烟蒂股"越来越少，再加上该投资决策有时候很难奏效，这也让巴菲特逐渐意识到格雷厄姆的投资理念存在着很大的局限性。他认为，投资应讲究物有所值，不能一味贪图价格便宜而忽略长期投资的价值。

于是，巴菲特从 20 世纪 70 年代开始便逐渐放弃了"烟蒂股投资法"，开始将目光转向新的投资理论，构建全新的价值投资理念。巴菲特对股票的态度也从重视价格低廉变成了重视质量，就像他说的："用合理的价格买下一家好公司要比用便宜的价格买下一家普通公司好得多。"

就投资而言，购买低价股票看似有利可图，可从长远的角度来看这种方式并不理想。股价低廉意味着公司的经营状况非常糟糕，甚至有破产的迹象。这类公司往往是问题一个接着一个，根本就无法完全处理妥当。就像在房间里发现了一只蟑螂，那就意味着整个房间里到处都是蟑螂。

此外，股价低廉所带来的优势不够稳定，因为它很容易被公司的糟糕业绩抵消。"烟蒂股投资法"的核心在于快，及时脱手，无论是出售还是清算，投资者都能赚到差价。可问题在于如果没有人接手该公司的股票，投资者就不得不将公司经营下去，假如公司经营状况持续萎靡，谁也无法保证一段时间之后，该公司股票的股价会跌到什么程度。到时候，先不提盈利，保住本金都会成为奢望。

巴菲特在伯克希尔公司投资上的险胜，得益于对市场的敏感度和自身强大的实力。一方面，在投资之初，他就意识到纺织行业已经没落，心中对当前形势已经有了大致的判断，最重要的是他通过加大投入获得了公司的控制权，方便后续对公司的改造；另一方面，雄厚的资本让他拥有拨乱反正的力量，能够将公司改造成功。而这两点也是普通投资者无法比拟的。

"烟蒂股投资法"关键在于对股票的筛选。市场中廉价的股票有很多，而导致股价低的因素也有很多，比如，业绩低迷、管理不善、资金链断裂、官司缠身等，因公司内部因素造成低价的股票会给投资者带来无穷无尽的麻烦。只有那些因市场低估而导致股价较低的公司才是真正"无害"的"烟蒂股"。

对于普通投资者来说，想要在低价股票中淘到金子是一件非常困难的事情，他必须对股市投资技巧非常了解，同时还要对市场有一定的敏感度，而这些特性很难出现在一个普通投资者身上。

因此，投资者不要贪恋低买高卖的"烟蒂股投资法"，而是以更稳妥的方式进行投资，逐步积累投资经验。等到自己对市场有了准确的判断后，再进行尝试也不迟。

4. 评估企业价值的计算公式

关于内在价值的定义，投资界一直众说纷纭。巴菲特表示："我们将内在价值定义为一家公司在其生涯中所能产生现金流量的贴现值。"

根据巴菲特的概念，一家公司的内在价值 = 现金流量/贴现率。"现金流量"指的是"公司的收益 + 折旧等非现金支出 - 维护持续竞争优势的资本支出"，比如，一家公司一年内的销售额为 1000 万元，营运成本为 800 万元，那它的现金流量就是 200 万元。由于负债不影响利润，所以有时候一些公司的高利润往往是虚假繁荣，而现金流量能更精准地反映盈利能力。当现金流量和净利润增长同步时，就证明公司的利润很好。如果净利润增长，现金流量负增长，就证明公司的利润是虚假繁荣。

"贴现率"是指将来的一笔资产放到现在值多少钱，其数值一般参考长期国债利率，假设银行的利率为3%，将10000元存入银行，一年后就会得到10300元，折现率为1/（1+3%），这也就意味着现在的10000元在一年后购买力只有9708.7元。随着时间越来越长，这10000元的购买力也会越来越低。

巴菲特正是通过现金流量的估算方式淘到了几只被严重低估的优质股票，让自己获得了巨额回报。比如，富国银行。

1990年10月，巴菲特斥资2.89亿美元收购了富国银行10%的股票。富国银行在1989年的盈利为6亿美元，而美国政府的国债平均利率为8.5%，保守计算利率为9%，那富国银行的估值就是66亿美元，每股价格126美元。而巴菲特是以每股58美元的价格收购的，比估值低了55%左右。

当时，美国西海岸的房地产萧条，地产方面的坏账大幅增加，投资者们见状纷纷抛售股票，认为股价已经下跌49%的富国银行股价还会持续下跌。直到巴菲特投资了富国银行，股价迎来了短暂的回暖。可监管局鉴于贷款公司的破产，要求富国银行在1991年和1992年分别进行13亿和12亿美元的坏账拨备，一时间富国银行股价再次大跌，甚至跌到了巴菲特的收购价。不过，就在1993年底，国富银行的股价又上涨到每股137美元，超过了最初的估值。

不过投资者需要明白一点，根据巴菲特提供的公式所计算出来的估值是不准确的。主要原因在于现金流量和贴现率是两个变量，而且仅用一年的数据所得出的估值事实上非常片面。当利率上升时，贴现率会随之上升，而一家公司的利润也不可能稳定不变。因此，巴菲特表示："衡量我们每年进步的理想标准，或许是伯克希尔公司的股票每股内在价值的变动，奈何这一价值的计算方法难以与精确搭边。"

在1994年伯克希尔公司股东大会上，一位股东希望巴菲特能详细讲述一下计算企业内在价值的过程。巴菲特就曾表示："我们根本不知道未来的现金流量到底会是什么样子。如果我们一点也不知道未来的现金流量会是什么样子，我们现在也不会知道它的内在价值是多少。所以，如果你认为你知道今天的股票应该是多少钱，却不清楚未来20年的现金流量会是怎么样，我想这就是他们所说的认知失调吧……就内在价值而言，任何会计报告中的数字本身都毫无意义。它们只是指导方针，告诉你如何获得内在价值。但是这什么也没告诉你，财务报表中没有答案，里面有一些指导方针可以帮助你找到答案。"

其实，除了现金流量和贴现率，影响企业内在价值的因素还有很多。以巴菲特评估华盛顿邮报公司为例：1973年，华盛顿邮报公司的总市值达到了8000万美元，巴菲特却认为市场远远低估了这家公司的内在价值。当时，华盛顿邮报公司的净利润为1330万美元，折旧和摊销为370万美元，资本支出为660万美元，根据公式可以得出 1973 年华盛顿邮报公司的现金流量为 1040 万美元，如果以美国政府长期国债利率为 6.81% 来计算，华盛顿邮报公司的内在价值就达到了 1.5 亿美元，几乎是市值的两倍。

但是，巴菲特的心理估值高达 4 亿至 5 亿美元，远远超过了按照公式计算的 1.5 亿美元。这里就涉及一些额外的因素，假如贴现值参考无风险利率[①]，估值就会达到 1.96 亿美元，同时华盛顿邮报公司因具备垄断优势，假如可提价 3%，它的估值就会达到 3.5 亿美元，最后在经营中将利润率调整为 15%，估值就达到了 4.85 亿美元。

既然内在价值的判定方式模糊难辨，那为何巴菲特依然坚持评估内在价值？因为，这是迄今为止唯一能够评估投资标的和企业的合理方法。而且，格雷厄姆在最初研究价值投资时，给内在价值设定了一个波动范围，即使不准确也能作为参考。他表示："证券分析并不是为了确定某只证券的内在价值，而是为了证明其内在价值是足够的。打个简单的比喻，我们很有可能只需要通过观察，就可以判断一个男人的体重是否超标，而无须知道其体重具体是多少。"

正是由于评估结果存在波动性，巴菲特在进行企业价值估算时，总是持有一种保守的态度。他表示："在几千家上市公司中，我真正有把握预测出未来现金流量的公司，只有极少数。因此，我在预测未来现金流量的时候，所坚持的原则就是保守和谨慎，否则，

---

① 巴菲特认为，报纸类公司的折旧和摊销通常约等于资本支出，这样看来华盛顿邮报公司的现金流量就等于净利润。

我估算出来的价值会非常错误，从而让我的投资承受巨大的风险。"

因此，巴菲特告诫所有投资者，在对企业的内在价值进行评测时，切记不要陶醉于美好的幻想中，即使就目前的形势来看，该企业拥有很好的前景。无论什么行业，什么样的业务，它的发展前景都是不稳定的，从长远的角度来看，盈利和亏损都是未知数。想要对抗这种不确定性，就要在一开始保持保守的态度，对企业价值进行估计，为自己的投资预留出足够的安全边际。

很多投资者的投资之所以失败，究其原因就是让美好的希望蒙住了双眼，过高地估计了企业的内在价值，从而做出了错误的投资决策。

巴菲特表示："当经理们想要你投资他们的企业时，他们总会向你描绘一番企业的大好前景，主要是利用发布相关会计报表的方式。但不幸的是，当他们想弄虚作假时，同样也能通过会计报表的方式来进行。因此，如果你不能辨认出其中的差别，就轻易掏出自己的钱的话，那么你就不必在资产管理行业中混下去了。"

对于投资者来说，投资越安全，获得收益的概率就越大。切忌自以为是，不要让一时的形势冲昏头脑，保守地估算企业的内在价值才是最好的选择。

5. 关注企业的持续盈利能力

巴菲特在选股时，非常重视企业的持续盈利能力。在他看来，一家企业只有表现出稳定、持久的盈利能力，才具备投资的价值。

盈利能力是一家企业生存发展的基础。在致伯克希尔公司股东的一封信中，巴菲特经常提到他对所投资企业的产品销售利润率和导致利润率变化的原因非常重视。分析利润率，就是算出 1 美元的营业额可以获得多少利润，这个结果可以显示出不同企业之间的差别，减少由资本数据带给投资者的影响。

巴菲特曾强调说："我宁愿要一家资本规模只有 1000 万美元而净资产收益率为 15% 的小企业，也不愿意要一家资本规模高达 1 亿美元而净资产收益率只有 5% 的大企业。"

1972 年，巴菲特花费 2500 万美元收购了喜诗糖果公司，当时喜诗的净资产只有 800 万美元，净利润为 200 万美元。按照格雷厄姆传授的"收购的价格绝不能高于净资产，最好低于流动资产的三分之二"的投资理念，这显然不是一家值得投资的公司。可巴菲特最终还是选择了收购，因为喜诗的盈利能力很好，净资产收益率达到了 25%。

此外，喜诗还具备一种独特的定价优势。那就是如果将每磅喜诗糖果的价格从 1.95 美元提高到 2.25 美元，并不会使销售量降低，而这每磅 0.3 美元的涨幅，则可以让喜诗的净利润提高 480 万美元。

截至 2021 年，喜诗糖果的税后利润达到 6300 万美元，给巴菲特累计创造了 20 多亿美元的利润，相比 2500 万美元的收购价格，这简直称得上是一笔梦幻般的投资。

通过对喜诗糖果的成功投资，巴菲特更加关注企业的盈利能力。如何分辨一家企业是否具有盈利能力，巴菲特主要关注三个方面。

第一，净资产收益率。这指的是企业净利润与净资产的比率，就像喜诗糖果的净利润为 200 万美元，净资产为 800 万美元，那它的净资产收益率就是 25%，即股东投入 1 美元，就能获得 0.25 美元的收益。该数据反映了企业经营为股东带来的收益水平。

一般来说，企业的净资产收益率越高，它的盈利能力就越强，投资获得回报的可能就越大。净资产收益率作为衡量企业盈利能力的指标，在巴菲特的投资决策中有着举足轻重的地位。

但是，投资者需要注意的是，净资产收益率只是一个值得关注的重要参考因素，并不能全面评估一家企业的投资价值。

第二，产品的盈利能力。巴菲特认为企业产品的盈利能力，主要体现在与同行业内竞争对手的销售利润率上，高出 2% 至 3% 即可。如果一家企业不能将销售收入变成销售利润，那它庞大的销售量将没有任何意义。

其中成本管理是影响销售收入变成销售利润的一大因素，只有不断地减少成本才能有效保证利润率提升。但巴菲特认为很多企业在成本管理上存在马太效应，他表示："我们过去的经验表明，一家经营成本高昂的企业管理层，总是能够找到各种各样增加企业总部费用开支的办法；而一家经营成本严格控制的企业管理层，即使是其经营成本水平已经远远低于竞争对手，仍然会继续寻找更多降低成本的方法。"

从长远的角度来看，当市场经济良好的时候，那些成本高、销量高的企业，它们的利润增长率往往大于低成本经营的企业，可一旦市场不景气，较高的成本就会成为它们的拖累，使利润大幅下降。

因此，在分析企业的盈利能力上，也可以将企业削减经营成本的举措和效果作为参考。

第三，企业留存收益盈利能力。留存收益是指企业管理层没有分配给股东，用于继续投资企业经营的部分，有时候还会出现负债的情况。

净资产收益率在计算时并不会考虑企业的债务，而股东的收益却与债务息息相关。这意味着有些净资产收益率很高的企业，很可能负债累累。因此，在以净资产收益率为分析依据时，一定要考虑未分配利润。

如果企业通过扩大净利润来提高净资产收益率，那该企业的净资产收益率越高，就证明它的盈利能力越强。可如果企业通过减少股东权益来提高净资产收益率，那就需要引起注意。企业的负债越高，净资产收益率同样也会提高，但会让投资者承担巨大的投资风险。

真正能够让投资者赚到利润的企业，往往都具有很高的利润率，且该利润率都要远远高于同行业的平均水平。因此，投资者一定重视对所投资企业的盈利能力分析，远离那些外强中干的企业，减少投资的盲目性。

6. 投资具有持续竞争力的企业

在投资中，竞争力是筛选投资企业的一个重要标准，但对于偏爱长期投资的巴菲特来说，企业仅有竞争力是不够的，关键在于能否持续。持续的竞争力能让企业长久地发展下去，给投资者带来稳定的收益。

关于持续竞争力，巴菲特将它定义为"令竞争对手望而生畏的竞争壁垒"，主要体现在成本、品牌、科技水平等多个方面。其中，品牌优势是一种无形的资产，虽然无法直接出现在企业的财务报表中，却能够为企业建造一条足够宽的护城河，让企业的发展得到保障。巴菲特曾表示："拥有一个强大的全球品牌，对上市企业的持续成功至关重要。"

在巴菲特的众多投资中，他所关注的品牌优势大致可以分为三类：品牌知名度、专利权和政府许可权。

在品牌知名度上，可口可乐、吉列和苹果三家公司可以称得上是巴菲特众多投资中的佼佼者。可口可乐公司和吉列公司创建至今已有百年的历史，它们的产品经过漫长岁月的打磨，已然独立于行业竞品之外，这般超然的地位让它们在全球范围内都拥有很高的市场占有率。庞大的消费者需求所带来的巨额利润，为它们在研发产品和拓宽销售渠道方面提供了很大的支撑，进一步提升了市场占有率，形成正反馈。竞争对手目前很难撼动它们在行业内的地位。

巴菲特曾评价说："就长期经营而言，可口可乐公司和吉列公司所面临的风险，远远小于任何电脑公司和通信公司。除了口香糖行业的箭牌公司外，没有一家公司可以像它们一样凭借品牌长期享受傲视全球的竞争力。"

苹果公司是一个异类，它成立于 1976 年，发展历史虽短，但迅猛无比，仅用了几十年的时间就让自家的产品站到了信息科技之巅，在同行业内享有崇高的地位。强大的品牌为企业带来了自主定价权，苹果公司每一款新品都能创造出巨大的销售额。这意味着每一位苹果产品的使用者都对苹果公司充满了认可。

巴菲特为此表示："当我看到我曾孙女和她的朋友几乎人手一部苹果手机，并且他们离了苹果手机就不行的时候，我就意识到，苹果的客户黏性非常高，而且苹果本身的产品也很有价值。"

专利权是在法律的基础上形成的一种防御壁垒，专利持有人在一定期限内对其发明或创新的技术享有独家使用权，其他人在未经许可的情况下不能使用该发明或技术。这意味着同行业内的其他公司使用此技术要支付费用。当市场中不存在相同或相似的技术时，拥有该技术的企业就能在特定的领域内独占市场。

巴菲特在 2011 年斥资 97 亿美元收购了路博润公司，这是一家石油化工与润滑产品的制造商，在行业内拥有着持久的竞争优势，而这种竞争优势源自它在润滑油添加剂行业的 1600 多项专利。

在 20 世纪 90 年代，润滑油添加剂领域的竞争异常激烈，最后形成了路博润、润英联、雪佛龙奥伦耐、雅富顿四家争雄的局面，它们控制了全球市场中 85% 的份额。当时，收购该公司的决策是由戴夫·索科尔主导的，巴菲特虽然不懂润滑油添加剂行业，但也十分看好这笔投资。他表示："该行业的竞争格局已经固化，形成了品牌效应，想要扳倒它就像是给我 1000 亿美元，再开一家饮料公司与可口可乐竞争一样，这肯定是不现实的。"

此外，巴菲特还投资了 BD 公司、强生公司，它们都拥有很多药品专利。在所有专利中，药品专利是最暴利的。一家企业如果拥有药品专利，就可以通过增加投入开发新的专利，持续稳定地获取高额利润，而这对于企业后续的经营和发展具有很大的好处。

政府许可权是指企业在政府的支持和监督下开展的业务，而一些企业的主营业务就具有垄断性，比如，电力、铁路等。这些企业在市场中几乎没有竞争对手，但它们往往会受到政府的严格管制且大多数业务都是应用在公共事业上，基本上没有太大的利润。

巴菲特从 1998 年开始投资美国伯灵顿北方圣太菲铁路运输公司，在随后的十几年里持续增持该公司的股票，直到 2010 年将其全部收购，共花费了 340 亿美元。他对铁路运输行业的看法一直很乐观，并在 2009 年伯克希尔公司股东大会上表示："我认为铁路将是未来 10 年最好的行业。"如今这家公司的市值早已突破千亿美元大关。

此外，还有一些企业，政府虽然管制其业务，但并不管制收费。比如，巴菲特投资的穆迪评级公司，穆迪是全球最大的信用评级机构之一，拥有超过 1300 名分析师，覆盖全球 130 多个国家和地区。该公司投资者服务业务的利润率高达 50%。

　　品牌是企业价值中的一个重要组成部分，它为企业带来的持续竞争力，保证了企业在未来发展过程中的稳定性。相比之下，那些缺乏品牌优势的企业每天都在竞争激烈的市场中浴血奋战，远没有这些拥有持续竞争力的企业更让投资者安心。

7. 企业的管理层也是决定投资成败的关键点之一

　　投资在本质上就是"投"人，优秀的管理层对企业的发展有着至关重要的作用。巴菲特在分析一家公司是否具有投资价值时，会着重考察公司的管理层。

　　伯克希尔公司重点投资的每一家上市公司的管理层都十分优秀，比如，美国广播公司的汤姆·墨菲和丹·伯克，盖可保险公司的卢·辛普森，华盛顿邮报公司的凯瑟琳·格雷厄姆等。

　　在致伯克希尔公司股东的一封信中，巴菲特几乎每年都会表扬这些优秀的管理人员，肯定他们的能力，赞美他们的品格。比如，他对美国广播公司的两位管理者的评价如下："汤姆·墨菲和丹·伯克也许是有史以来，甚至永远都是世上最伟大的管理双人搭档。"

　　企业的管理层是企业经营发展的决策者和实行者。在巴菲特看来，优秀的管理层一定能像企业主人一样行动和思考，通过理性的决策来达到提升股东收益的目标。同时，他们还要有对股东负责、坦诚的品德，不盲从同行，以及能抵御惯性驱使的自控力。

　　管理者需要具备出众的能力，能够为股东持续创造收益，让投资者获得合理的回报。比如，巴菲特在 1987 年致伯克希尔公司股东的一封信中提到的拉尔夫·舒伊。伯克希尔公司投资的世界百科全书、斯科特·费泽等公司都是由他领导的，他的强大之处在于能够提高公司的内在价值。

　　伯克希尔公司在 1986 年投资斯科特·费泽公司后，仅一年时间，该公司的业绩就出现了大幅上涨，税前利润提高 10%，同时还降低了成本。而世界百科全书公司在 1987 年推出了全新版本的百科全书，整套图书中的彩色照片增加了 71%，达到了 24000 多幅，6000 多篇文章重新编写，参与编写的作者有 840 多位。该书发行之后，在美国地区的销售量持续上涨，而其他地区的销售量和利润也出现了大幅提升。

　　除此之外，巴菲特最关心的是管理者配置公司资本的能力，就长线投资而言，这种能力决定了股东的收益。如果企业的盈利减去经营发展所需的成本后，依然有大量剩余，管理者一般有两种选择，要么保留所有利润进行再投资，要么并购其他公司实现成长。但是，巴菲特认为这两种方式对股东而言，都算不上太友好。他表示，如果再投资无法找到超越平均回报率的项目，最合理、最负责任的做法就是将利润分给股东，可以采取提高分红和回购股票两种方式。前者很好理解，股东可以拿着分红的现金去寻找新的标的，进一步提高收益，而后者则相对复杂一些。巴菲特解释说："管理者积极回购股票，是基于主人翁意识的考虑，而不是鲁莽地向外扩张。这种行为会向投资市场传递出一种积极的信号，吸引更多的投资者，从而提高股价。"在股价上涨之后，股东获得的回报也会增加。

管理者无论是成功还是失败，都要力争做到对股东开诚布公。巴菲特之所以强调这一点，究其根源在于对管理者的监督缺乏明确的标准。比如，企业招聘一名打字员，要求打字速度为每分钟70个字，如果应聘者只能做到每分钟50个字，那他就不符合岗位标准。同理，如果销售人员没有在规定时间内完成销售任务，就会面临被解雇的情况。可管理者的对与错很难界定，他们可以随意歪曲事实，推卸责任，很容易找到借口来蒙混过关。这种行为无疑是为了个人的短期利益而损害投资者的长期利益，是绝对错误的。

因此，巴菲特非常欣赏那些能够对股东开诚布公，真实反映公司财务状况，承认自己的错误和不足的管理者。比如，盖可保险公司的管理者约翰·杰克·伯恩，在1985年，企业出现大幅亏损时，他在第一季度的报告中对股东们坦诚相告："坏消息是我们亏损了，好消息是我们为伟大的时刻做了准备。"

如果管理者一味在年报中鼓吹自己的丰功伟绩，欺瞒投资者，那么投资者就无法针对当前的形势做出正确的投资决策。巴菲特认为管理者犯错是不可避免的，只要能在犯错之后第一时间承认错误并寻找补救的方法，那就远比只知道逃避责任的管理者可靠得多。

巴菲特认为惯性驱使主要源自几种情况：拒绝改变，闲不住，满足领导愿望及同行的刺激。简单解释就是，认为坐在管理者的位子上就一定要有所作为的不理智倾向。比如，别人去扩张，他也要扩张；别人去回购，他也要回购；别人搞股权激励，他也要搞股权激励，以免自己的位子坐不牢，或者被别人讽刺不做事，完全不考虑这些决策对公司是否真的有利。

1967 年，伯克希尔公司收购了国民赔偿保险公司，该公司的管理者杰克·林沃尔特就是一个抗拒惯性驱使的典型。当时，大多数保险公司都在销售定期保证保单这种低回报的产品，而他选择避开了这个市场。巴菲特表示他的决策是十分明智的，因为判定一个决策正确与否的关键从来就不是大家是不是都这样做。

巴菲特在管理伯克希尔公司时，就非常重视减少高层管理者遭受惯性驱使的影响，同时，他和芒格在投资时也会避免那些管理层优秀但无法摆脱惯性驱使影响的公司。

此外，巴菲特还希望管理者能够将股东视为合作伙伴，将公司视为自己的资产。如果管理者能够将公司看作自己 100% 拥有的一样，去尽心尽力工作，那将是投资者的福气。就像巴菲特说的："一个管理人员只要把自己看成公司的负责人，那么他就不会忘了公司最主要的目标——增加股东持股的价值，因此将钱投给他们进行管理，是最安全不过的事情了。"

对于投资者来说，选择一家公司投资，就等于将自己的钱交给了公司的管理者，只有对方足够优秀，投资者的付出才能得到更好的回报。

8. 投资具有成本优势的企业

一家企业如果经营成本比竞争对手更低，它将在竞争中占据有利地位，同时还能创造出更多的利润。因此，成本优势也是投资者判断企业价值的一项重要标准。

2007 年，巴菲特在致伯克希尔公司股东的一封信中写道："一家企业想要获得源源不断的成功，要么像盖可保险公司一样保持低成本，要么像可口可乐公司一样拥有强大的品牌。只有这种高门槛才能让企业在激烈的竞争中立于不败之地。"

当企业降低成本的手段无法被竞争对手复制时，这就会变成企业的优势，有助于提高企业在市场中的竞争力。在巴菲特看来，企业的成本优势可以分为三类：低购买成本、高转换成本和低扩张成本。

低购买成本，是指"薄利多销"，多见于商业零售企业，虽然每件商品的利润很低，但在庞大销售量的加持下，也可以获得高额的利润。比如，巴菲特在 1983 年收购的内布拉斯加家具中心，该家具中心在开办之初就以廉价闻名，经营者在采购方面下足了功夫，经营费用低到了令人难以想象的程度。在这种成本优势的加持下，该家具中心几乎垄断了当地一半的市场，伴随而来的就是巨额的利润，10 年间它就为伯克希尔公司带来将近 8000 万美元的净利润。

而巴菲特提到的盖可保险公司的业务，通过砍掉了中间的烦琐流程，降低了成本。不同于其他保险公司，盖可保险公司采用直接销售的方式，将汽车保险单直接邮寄给政府雇员，综合费用比例远远低于市场价格。而其他公司无法割舍原有的市场份额，使得盖可保险公司的低成本优势可以长期持续。

高转换成本，是指当客户打算放弃企业提供的服务时，需要付出一定的代价，如金钱、时间等成本，两者比较下来，还是维持现状更划算一些。最典型的就是金融行业，比如：办理信用卡、开股票账户很方便，但销卡销户非常麻烦；办理保险很方便，中途换保险会遭受很大的损失。巴菲特投资最多的行业就是金融，像富国银行、合众银行、盖可保险公司都具备这种成本优势。

低扩张成本，是指搭建客户网络的成本较低，当企业的业务不断扩张，所形成的客户网络就会越来越大，企业就需要建成一个与之对应的销售网络。在这个过程中，企业所花费的成本越低，就能获得越大的竞争优势。比如当身边越来越多的人都在使用某种社交软件，即使人们不喜欢该软件，但为了更好地交际，维持朋友之间的关系，也会选择使用。在这个过程中，该社交软件根本就不需要做任何事。

巴菲特投资的美国联合包裹运送服务公司就具有这种优势，该公司成立于1907年，目前业务网点遍布全球220多个国家和地区。由于快递网络遍布全球，它的服务可以延伸到一些偏僻的地方，所付出的成本很低。其他公司想做到这一点很难。

一家企业是否具备成本优势，就要看这种优势是否能够被轻易复制、超越，难以复制、无法被超越的优势才称得上是真正的成本优势。

投资是一项风险极大的活动，在投资之前，投资者必须经过慎重的考虑，对企业的分析一定要到位，其中企业是否拥有成本优势是需要重点关注的因素。

9. 选择那些拥有充足现金流的公司

自由现金流是考察该公司是否值得投资的标准之一。在巴菲特看来，自由现金流充沛的公司必然拥有强大的实力，在竞争中能占据很大优势。投资者选择此类公司的股票进行投资，会大大降低投资的风险。

在投资中选择现金流充足的公司主要有两个好处。

第一，现金流充足意味着公司运转稳定，投资者无须再增加投入，公司也不需要负债，仅凭自身的经营就能轻松实现业绩增长。这种公司对于投资者而言无疑是最好的投资对象。

1999 年，美国股市受计算机和互联网的影响变得异常火爆，投资者们大肆买入高科技股，使得很多股票的价格飞涨。当时，TCA 电信的股价已经涨得非常高，巴菲特却一眼相中了这只股票，主要原因就是这家公司每年至少能产生 1 亿美元的自由现金流。2005 年，COX 电信高价收购 TCA 电信，巴菲特成功出售股份，大赚一笔。

当公司的自由现金流不足时，投资者非但得不到相应的股息收入，或者股息收入微薄得可以忽略不计，还要不断投资才能维持公司的正常运转。一来一回，投资者的大笔资金反倒会困在该公司，还要承担公司不幸破产，最终一无所获的风险。

第二，投资者还可以利用这些现金投资其他公司，扩大自己的投资规模，提高自己的收益。巴菲特一直对保险业情有独钟，最主要的原因就是保险公司拥有远超其他行业的现金流。保险自面世至今，一直被视为一种经济补偿工具。但随着保险公司在承保中积累大量资金并进行广泛投资，保险的金融属性开始显现，并逐渐成长为一种低成本的融资渠道。客户签约购买保险，一般以几年或几十年的产品投入形式交到险企手中，而险企可以利用保险产品的低赔付率、资金长期沉淀的特点，对闲置资金进行资产配置，这样既可以获得更高的投资回报，又可以用投资收益覆盖保险红利及意外赔付。

伯克希尔公司利用保险浮存金开展多元化业务的模式已经持续了 70 多年，时至今日，依然处于一种极为稳定的状态。

截至目前，伯克希尔公司旗下的保险公司主要有盖可保险公司、通用再保险公司、伯克希尔·哈撒韦再保险集团等，覆盖了车险、财险、寿险、健康险和再保险等几乎所有种类的保险业务。自 1967 年，伯克希尔公司收购第一家国民保险公司，到 2022 年收购一家英文名为 Alleghany Corporation 的保险公司，伯克希尔公司的保险浮存金增长了近 8000 倍，仅 Alleghany Corporation 一家公司就为伯克希尔公司带来了 170 亿美元的保险浮存金。

如今，保险业务已经是伯克希尔公司最赚钱的投资领域之一。伯克希尔公司的某一季度财报显示，公司营收达到了 853.93 亿美元，同比增长 20.5%，包括全资子公司利润在内的经营利润为 80.65 亿美元，同比增长 12%，这一成绩主要得益于保险业务的大幅反弹。正是因为保险公司为巴菲特带来源源不断的现金流，他才能安心进行长期投资。

因此，投资者在投资时一定要重视公司的自由现金流，选择那些拥有充足现金流的公司才更容易在投资中获得成功。

10. 不要以股价波动来判断公司的价值

在股市中，股票价格的短期波动是一种正常现象。格雷厄姆认为股票的价值并不等同于市场价格，因为市场价格会受到市场情绪的影响，在短期内偏离内在价值。比如，市场中的某些消息干扰了投资者对股票的预期，从而造成股价的涨跌。

芒格认为投资者不能紧盯着股票价格波动，更不能以此来判断企业的价值。21 世纪著名的基金管理人布鲁斯·贝科维茨，就曾因股票价格波动对公司的价值出现误判，吃了很大的亏。

西尔斯百货自成立以来，一直是零售业的龙头，美国几乎四分之三的人都会去西尔斯百货购物。在 2007 年，西尔斯百货的市值达到了 200 亿美元，可不到 10 年，它的市值就蒸发了 90%。贝科维茨却坚信这家公司的业务组合拥有很大的潜力，股票的价格会再次增长。于是，他开始大肆购入该公司的股票，结果他的坚持却给他带来了几十亿美元的亏损。为此，巴菲特表示："当投资的公司业绩不佳时，你最初购买的低价优势很快就会被糟糕的业绩侵蚀。"

　　如今，互联网高度繁荣，投资研究体系也相对完整，投资者能够接触到的信息远胜从前，按理说普通投资者的盈利机会会大幅提高，可事实上投资依然是少数人获利、大多数人亏损的游戏，而导致这一结果的原因就是股票价格波动。在巴菲特看来，很多投资者对股票价格波动极为敏感，他们基本上每时每刻都在考虑自己应该买还是卖，一旦股票市场出现一丝波动，他们就会迅速做出反应，完全不考虑公司的价值。

　　巴菲特从格雷厄姆身上学到的"市场先生"，就是对价格波动最好的解释。影响"市场先生"情绪变化的因素有很多，主要包括宏观经济、公司基本面、市场情绪、投资者行为等因素。

　　在宏观经济方面，当宏观经济上涨时，公司的盈利能力会提升，相应地投资者对股票的需求量也会增加，从而推动股票价格上涨。反之，经济衰退，公司的盈利能力很可能会随之下降，股票价格也将下跌。利率水平的变化也是如此，低利率环境会刺激股价上涨，高利率环境会刺激股价下跌。

　　在公司基本面方面，公司的盈利能力和财务状况是影响股票价格变化的主要因素。当公司出现盈利能力下降、高负债或现金流不稳定等问题时，投资者就会感到担忧，从而抛售股票，引起股票价格下跌。

　　在市场情绪方面，人们主要受股市中的消息和事件影响。当公司发布利好消息时，比如，高盈利预期、合并收购、新产品发布等，投资者就会更加看好这家公司的股票，加大投入，使股票价格上涨；当公司发布利空消息时，比如，法律诉讼、管理层变动等，就容易引发投资者的悲观情绪，大多数人开始抛售股票，使股票价格下跌。

在投资者行为方面，人们主要受短期交易和投机行为影响。投机者往往追求高回报，他们一般会通过大量交易来推动股票价格上涨，然后趁机套现实现盈利，当他们抛售股票时，股票价格也就会随之下跌。

由此可见，股票价格的波动充满了未知性，并不一定是由公司价值变化引起的。因此，投资者不能仅以股票的价格波动来作为判断公司价值的依据。芒格也对此列举了很多例子，比如，1987年，可口可乐公司的股票价格受股灾影响，出现大幅下降，可随后1988年至1998年的10年间，可口可乐公司的股价翻了13倍；2008年，谷歌公司股票的开盘价为194美元，并在当年6月出现下跌，可两年之后，谷歌的股价最高达到了704美元。

关于股价波动和公司价值的关系，巴菲特曾在采访中说："如果我现在拥有一家麦当劳店铺，我不会每天给它一个报价，我会尽力为客户提供最好的服务，我只想甩掉那些竞争者，让他们追不上我。我会希望麦当劳做很棒的广告，偶尔推出很棒的新产品，我真正思考的是这个生意在5年或10年内是如何运作的，人们都会继续吃汉堡包，诸如此类的事情。如果你把本职事务做得很好，那么会更值得投资，而不是每天关注它的股价变动。有时候，人们过于在意那些本不应该关注的事情。"

对于投资者而言，"市场先生"提供的最有价值的信息只有报价，不必去揣测它的情绪背后是否隐藏着深意。如果它看起来不正常，那投资者完全可以忽略它的情绪，千万不能被这种情绪控制。

虽然市场价格波动是不可避免的，但巴菲特认为投资者可以利用这些波动找到最佳投资机会，不过首先要做的就是确定公司的价值，通过深入研究挑选那些价格远低于价值的股票，实现投资盈利。

11. 分析公司的业绩至少要看 5 年

巴菲特每天最重要的工作就是阅读各大上市公司的年报，通过年报中披露的各种信息和数据来判断该公司的管理情况和财务表现，从而做出正确的投资决策。

在解读年报时，大多数投资者关注的重点往往集中在某上市公司过去一年内的业绩表现，甚至一些媒体还会贴心地列出上市公司的业绩排名。巴菲特却认为过于重视公司在短时间内盈利和亏损的做法是非常愚蠢的。

1983 年，在致伯克希尔公司股东的一封信中，巴菲特写道："今年伯克希尔公司的账面净资产从去年的每股 737 美元增长到了每股 975 美元，增长幅度为 32%。我们从来都不会过于看重单一年度的数据，公司的经营活动获得收益的时间为什么非要以年为单位呢？相反，我们建议要以最低不少于 5 年的业绩表现作为衡量公司业绩水平的指标。"

巴菲特之所以如此重视长期业绩水平，和他投资的保险业有关。伯克希尔公司旗下的保险公司会将投保公司的盈利波动性风险转移到自己公司的账面上，因此，伯克希尔公司在保险行业的年度业绩经常出现大幅度下滑的情况。

同时，一些大额的投入也不会在短时间内创造出利润，巴菲特表示盖可保险公司曾在 2010 年支出了 9 亿美元，用作广告宣传，以吸引更多的客户投保。这一举措同样导致了短期的年度业绩出现下滑。

可事实上，这些公司在行业内是非常优秀的。

此外，还有一些不道德的人会使用"会计戏法"等手段，让一家糟糕透顶的公司在业绩报表上看上去拥有巨大的潜力，以虚假繁荣来迷惑投资者。比如，雅戈尔在 2017 年的利润同比降低 90%，而在 2018 年第一季度的利润同比增长 687.95%，之所以会出现如此巨大的反差，就是使用了"会计戏法"。雅戈尔最初持有 4.99% 的中信股份，在 2018 年 3 月投资 1 万元买入了 1000 股中信股份，使自己的持股比例达到了 5%，同时将对中信股份的投资由可供出售的金融资产变成了长期股权投资，核算方法的变化让雅戈尔用 1 万元变出了 126 亿元，从而造成了利润大幅上涨的假象。

投资市场中很多事情不像表面看上去那么简单，年报所披露的数据也是如此。因此，巴菲特在分析年报数据时，往往会遵循四个原则。

第一，重视净资产回报率。股票分析师习惯以每股盈利来衡量一家企业的年度表现，但巴菲特认为看每股盈利是不准确的，因为当一家公司留存上一年的部分盈余，它的净资产就会增加，每股盈利也会增加。这种情况就像是将银行存款所产生的利息，转存进银行再产生利息一样。

与每股盈利相比，巴菲特更加认可净资产回报率，净资产回报率 = 企业盈利 / 股东权益。但在计算过程中，股东权益要以成本来计算，即购入股票时的投入。因为，如果以当前的市值计算，股市大涨时，股东权益也会有所增加，公式中的分母就会变大，数值也就变得不准确。否则当股市大涨时，一些业绩优秀的公司就会被掩盖，当股市大跌时，那些糟糕的公司看起来也会不错。

需要注意的是，投资者在分析净资产回报率时，一定要考虑公司是否存在负债的情况。因为一些公司会通过提高企业负债率来提升净资产回报率，这是判断过程中的一个干扰项。

第二，股东盈余。在评估公司价值时，分析师常用的工具就是现金流，但巴菲特提到现金流存在的一个问题：对于初期投资大、后期投资少的行业，比如房地产行业等，现金流作为评估工具是合理的；可对于要求持续资本输出的行业，比如制造业，现金流就不能作为评估的依据。

现金流一般是税后净利润、折旧、损耗、摊销及其他非现金费用的集合。可对于制造业而言，必须持续投入新设备才能保证自己的竞争力，这种用于内部的资本支出往往会隐藏在现金流中，误导投资者。投资市场中那些通过倒卖公司牟利的投机者，就经常用这些卖不出去的设备来推高估值。而巴菲特使用的股东盈余则是税后净利润加上折旧、损耗、摊销，再减去资本支出及所有必需的营运支出的结果。它能够有效避免投资者掉入投机商人的陷阱。

第三，高利润率。在巴菲特看来，一家公司的管理者如果无法通过销售来产生利润，那这家公司的股票就没有投资的必要了。而提高利润最常用的方法就是控制成本，但一些公司管理者总是高调宣布自己的削减成本计划，像是表演给人们看一样。巴菲特非常不喜欢这种行为，他认为优秀的管理者并不会在某一天突然宣布自己要削减成本，而是每一天都在这样做。

巴菲特曾表示富国银行、美国广播公司的管理者每时每刻都在削减不必要的开支，即使在公司的利润屡创新高的情况下，依然不遗余力地控制成本。投资者在分析企业利润率时，可以着重关注一下其成本控制情况。

第四，公司留存的 1 美元至少要创造 1 美元的市场价值。当一家公司的留存盈余一直被低效率使用时，那么它的股价必然会下降，反之，如果公司的留存盈余能够产生超越平均水平的回报，那公司的股价势必会上升。就长期而言，公司的股价会由于某些原因上下波动而偏离价值，巴菲特使用的这一原则，能够衡量公司为股东创造价值的结果。如果一家公司所留存的盈余能够带来超过 100% 的回报，那这就称得上是一家优秀的公司。

对普通投资者而言，在阅读年报时，通过对历年来的年报进行纵向和横向的对比，得到的结果将会更加真实和客观。同时，尽量排除一些虚假因素的干扰，能使投资者对公司价值拥有一个相对精准的判断。

12. 对比特币说"不"，因为比特币不会产出价值

比特币是 2009 年诞生的一款网络虚拟货币，以去中心化、全球流通、专属权所有、稀缺性为主要特点，被誉为"数字黄金"，上市之后得到了众多投资人的追捧，近几年的价格也是居高不下。

比特币首次交易的价格只有 0.0008 美元，传闻美国一位比特币爱好者用 10000 个比特币购买了两张披萨。后来，随着比特币的逐渐普及，越来越多的人开始认识和认可这种数字货币，比特币的价格也水涨船高。在 2017 年，1 个比特币的价格甚至达到了 19850 美元。

虽然比特币已经取得了世俗意义上的成功，美国金融圈里的一众大鳄对它的态度却是两极分化：埃隆·马斯克、杰克·多西、阿比盖尔·约翰逊等人对比特币持肯定的态度，马斯克更是频繁在社交平台上鼓吹比特币的价值和潜力，后悔自己没有尽早购买比特币；而巴菲特、拉里·芬克、杰米·戴蒙等一众知名投资人却反对比特币，尤其是巴菲特和芒格两人对比特币更是深恶痛绝。

早在 2014 年，比特币尚处于发展阶段时，巴菲特就在接受媒体采访时表示："我认为比特币只是一种幻想，它们本身并没有任何生产力，我可以理解它们是一种令人兴奋的东西，但我不会

投资它们。"此时的巴菲特对于比特币只是持相对保守、谨慎的态度。

巴菲特不喜欢比特币的根本原因，在于比特币与他一生所奉行的投资理念相悖。他一直崇尚价值投资，认为每一笔投资都需要有实际的价值支撑，可比特币作为一种去中心化的数字货币，本身并不具备任何价值。简单来说，比特币等同于网络游戏中的装备，没有实体，没有现金流，也没有盈利方式，它的价格完全是由市场供求关系决定的，而这种价值支撑是脆弱的，一旦市场出现恐慌，比特币的价格就会瞬间崩盘，就如同曾经的郁金香泡沫一样。

17 世纪，荷兰的贵族非常喜爱郁金香，一些商人开始高价收购郁金香球茎，再以更高的价格卖给贵族。后来，越来越多的人加入买卖郁金香的行列中，一支郁金香球茎的价格甚至涨到了 6700 荷兰盾。

不久后，郁金香的价格就跌到了 0.15 荷兰盾。市场崩坏的起因是一位商人突然开始疯狂出售自己手里的郁金香，其他人见状也随之抛售，谁也不愿意成为最后一个接盘者。于是，这场"郁金香狂欢"彻底崩盘。

投资风格上的差异也是巴菲特不愿接触比特币的原因。巴菲特喜欢长期投资、低风险投资，然而比特币有极高的波动性，大大增加了投资的风险。以 2020 年的市场为例：2 月比特币突破 10000 美元，3 月跌至 5731 美元，5 月再次发力上涨到 10000 多美元，几天后再次下跌至 8200 美元。

　　除了自身价值、高波动性外，技术理解的缺失、通货膨胀等因素也是横亘在巴菲特和比特币之间的两座大山。不理解的东西不投资是世人皆知的巴菲特投资习惯，虽然区块链技术很火热，巴菲特却并未深入研究它未来的潜力，这就导致了他无法理解、认可比特币。

　　此外，还有很多人认为比特币有助于投资者抵御通货膨胀，可巴菲特认为只有稳定的货币体系和国家信用才是应对通货膨胀的关键。等通货膨胀来临，比特币有很大概率会成为泡沫。

　　2018 年，巴菲特在伯克希尔公司股东大会上，再次表明了自己对比特币的看法。他认为比特币是"老鼠药"，投资比特币具有很高的赌博性、危险性和欺诈性。从一开始的不支持、不反对到后来的深恶痛绝，巴菲特对比特币的态度发生了很大的转变。因为事实就像他预料的一样，一些人在比特币的吸引下走上了歧路。

　　巴菲特认为比特币在监管层面存在很大的风险，尤其是其不确定性和不透明性，使它很容易参与到非法活动中，如洗钱、逃税等。如今一些虚假的交易平台、庞氏骗局、钓鱼软件等也进一步提高了比特币的风险。

　　数字货币是否会引领未来的潮流目前还是一个未知数，但对于投资而言，它并不是一个很好的选择，仅凭市场波动来获得收益无异于赌博。因此，投资者在面对比特币时一定要慎之又慎。

05

集中主义：少即是多

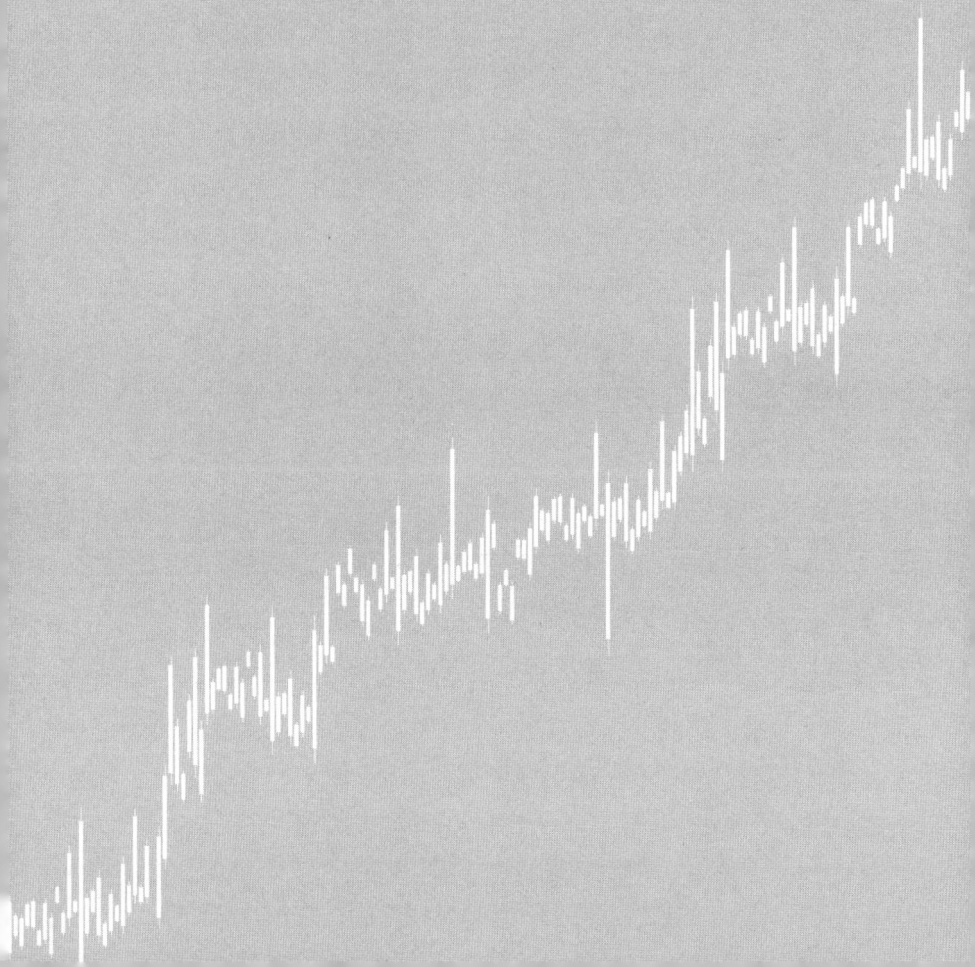

巴菲特说："在投资中，我们期望每一笔投资都能获得理性的回报。因此，我们倾向于将资金集中投资在少数几家财务稳健，具有很大的竞争优势，并由能力非凡、诚实可靠的经理人所管理的公司的股票上。"集中投资可以更好地发挥资金优势，以理性规避风险，以集中扩大收益，是最好的投资选择。

1. 不要试图去分散投资风险

投资界有一句话叫："鸡蛋不要放在同一个篮子里。"意思是投资者应尽量分散投资，以降低投资风险，避免一损俱损的情况出现。但是，巴菲特认为将"鸡蛋"放在同一个篮子里，并照看好篮子才是最好的选择。

作为巴菲特的搭档，芒格也不建议投资者在投资中使用分散投资的方法，他曾表示："现代大学教育中最愚蠢的事情就是教导学生在投资普通股时，必须进行大规模的分散投资。分散投资绝对是一个疯狂的想法，想要拥有大量容易被发现的好机会并不容易。如果只有三个想法，我宁愿用我最好的想法，而不是最坏的想法。"

投资者对分散投资的认可大多源自概率带给自己的直观感受，当市场出现波动时，一只股票的亏损可以被另一只股票的收益补偿，即使在投资中，一两只股票的价格出现暴跌也会不让自己损失全部的资金。而且投资的覆盖面越广，相关性越小，投资的风险就越低。可事实上，分散投资并不是一件简单的事情。

1966 年，巴菲特在致伯克希尔公司股东的一封信中表示："说实话，如果有 50 个不同的投资机会摆在我面前，每个机会都具有领先道琼斯指数 15% 的数学期望值，那再好不过。如果这 50 个投资机会是不相关的，那我就可以把全部的资金分成 50 份，每个机会投资 2% 的资金，然后高枕无忧。可实际并非如此，经过一番艰苦的努力，我们也只是找到了寥寥几个可能会赚钱的投资机会。"

在巴菲特看来，分散投资或许可以化解收益波动和暂时亏损的风险，却不适合所有的投资者，尤其是像他这样的资深投资者。其中的关键在于分散投资的适用性，对一个不懂投资的人来说，多元化投资是一个明智的选择，因为他心中没有投资的标准，也不知道什么样的公司值得投资，而分散投资能最大限度保全他的资金。可对于那些知道如何评估企业价值的人来说，持有几十只、上百只股票简直就是疯狂之举，无论什么人都不可能在短时间内找到那么多被低估的好公司，连巴菲特也不例外。

　　我们必须承认分散投资的确能够降低投资风险，但它对风险的控制是有限的，对于投资者因判断失误而造成的永久性亏损是无能为力的。随着投资的股票数量越多，投资者的精力也就越分散。巴菲特认为如果一个投资者对所投的企业不够了解，那他自然不敢只投一家企业，可投资的企业一旦变多，他自然就没有足够的精力去了解所投资的企业，以至于只能以企业的业绩为主要监测目标。无法真正了解任何一家企业，就很容易造成投资决策上的失误。

　　分散投资在理论上虽然能够降低市场波动的风险，却会大大增加个人决策造成的风险，并不会给投资带来太大的优势。更何况股票和市场的联系非常紧密，很可能随着大盘上涨和下跌，一味追求分散投资，只要遭遇下跌的情况，所有投入都将化为乌有。

　　此外，分散投资还存在很大的弊端，主要体现在投资成本和收益上。当一个投资者的投资越分散时，他所需要支付的成本也就越高，比如，手续费、佣金交易成本、纳税等。对于一笔投资而言，这些费用看起来似乎有些微不足道，经常被人们忽视。可一旦投资的股票越来越多，随之产生的费用也将积少成多，成为一笔很大的开销。在频繁的交易中，投资者所拥有的资金就会慢慢减少。

　　同时，随着投资股票数量的增加，期望收益也会被不断稀释。比如，一只股票盈亏的比例为50%，那投资者获得收益的概率就为50%；如果分散投资两只股票，每只股票盈亏的比例同样为50%，那么，投资者亏损的概率为25%，获得收益的概率也为25%。

　　这意味着有时候即使有幸押中了股市中的黑马，也可能根本赚不到钱，说不定还会出现亏损。因为，一匹黑马的力量再大，也无法拉着10头瘸腿的驴子跑起来。对于那些懂得投资的人来讲，投资是为了获得收益，越是分散越没有意义，倒不如找到最优的股票，集中资金，瞅准时机下重注。

　　分散投资的核心在于保全资金，但也不可能赚到大钱，因此，投资者不宜简单地为了分散而分散。

　　对于投资，是集中投资还是分散投资，两者之间的争论一直没有停止过，之后也肯定会继续争论下去。这是两种不同的投资策略，从成本的角度来看，看管一个"篮子"终究要比看管多个"篮子"轻松得多。

　　伯克希尔公司投资了很多股票，由于对每只股票投入的资金量都非常大，看起来像是分散投资，实际上还是属于集中投资。巴菲特在选择投资的公司时都经过了深思熟虑，确定了公司的价值。

　　当然，多元化投资的确有助于降低风险，但需要创造一个更有弹性的投资组合，同时对所投资的公司精挑细选才行。芒格将这个挑选的过程称为"去劣化"，以保证尽量减少分散投资，降低市场波动带来的影响，提高自己的收益。

2. 集中才能真正降低投资风险

　　在投资中，投资者选择分散投资策略的初衷，就是希望借此来规避投资的风险，但事实上，看似亏损概率较高的集中投资才是可以真正降低投资风险的方式。

1993 年，巴菲特在致伯克希尔公司股东的一封信中写道："许多人可能会说，我们采取的这种策略一定比流行的组合投资战略的风险大。我不同意这种观点，因为我相信，这种集中投资策略使投资者在买入某家公司的股票前，既要进一步提高考察该公司经营状况时的审慎程度，又要提高对该公司经济特征满意程度上的要求标准。因此，我们采取的这种投资策略才更可能降低投资风险。"

巴菲特反驳了大多数人对集中投资的看法。就概率而言，分散投资的风险的确要低于集中投资，但其中有一个最关键的问题，就是投资者对所投公司的了解程度。投资者只有对所投公司的经营状况、经济特征有一个充分的了解，才能有意识地避开风险。

很多投资专家将投资的风险定义为"价格的相对波动性"，简单来说，就是将所投资股票价格的波动性与市场中所有股票价格的整体波动性进行比较，最终得出的结果是建立在统计学的基础上的。

巴菲特并不认同这一观点，他认为利用计算机模型所得到的准确性，在本质上仍然属于臆断或猜测。因为在计算时，人们都是假定这些模型是正确的，可事实上，很多模型都无法验证其对错。更何况早在 1987 年，美国股市中就发生过一次这样的灾难，那些由计算机得出的投资组合，在市场崩溃期间带走了大笔的财富。

1987 年，投资组合保险风靡华尔街，成为很多投资者规避风险的绝佳策略。这种策略在机制上属于一种程序化交易，只要触发事先设置的条件，就能快速交易股票和期货。其目的就是根据当前投资市场的价格走势，对组合中股票的占比进行动态调整，对冲市场风险。但是，这种投资策略缺乏灵活性，让套利者钻了空子，当股价下跌时，投资组合保险会根据指令抛售期货，从而导致期货价格下跌，加剧市场波动的负反馈循环。

在巴菲特看来，风险的定义应该是"价值损失的可能性"，当一个投资者买入一只股票后，他就会面临风险，而这种风险源自未来。巴菲特将这只股票的未来分为"确定"和"不确定"两个部分。

"确定"是指通过对所投公司进行研究得到的结果，比如，长期经济特性，管理人员是否值得依赖，管理现金流量的能力，收购价格等。举一个简单的例子：一家公司经营稳定，盈利能力强，未来发展很有前景，那它的股票大概率就会涨；而另一家公司经营糟糕，所处行业马上要被时代淘汰，那它的股票大概率就会跌。

而"不确定"是指未来出现的意外情况，比如，通货膨胀、经营不善、恶性丑闻等。当意外来临时，很多事情的发展就会变得不可预期，就像一开始优秀的公司会因管理者经营不善，濒临破产，而即将被淘汰的公司通过转型成功崛起。只不过这些都是小概率事件。

在这种情况下，如果投资者通过了解公司将"可能性"更多地拉向他所能理解和预判的"确定性"，那投资就更容易获得成功。

事实也确实如此，如果按照专家给出的风险预测标准，当初可口可乐公司和吉列公司的股票只不过是两只垃圾股，它们所拥有的强大竞争力在衡量风险时根本起不到任何作用。于是，我们可以得出这样的结论：股票的风险与该公司经营中内在的长期风险毫无关系。哪怕刚进入市场最为肤浅的投资新人听到这样的结论也会将它视为谬论。

按照巴菲特定义的风险来看，即使投资者拥有再多的"确定"，"不确定"都会存在，并且投资的股票数量越多，这种"不确定"就越多，投资者所面临的风险就越大。因此，集中投资那些被市场低估的优秀公司，远远比将投资分散于很多一般的公司要更容易降低投资的风险。

巴菲特还说过一个自己的例子："如果我们以合理的价格买入这类公司股票时，投资损失发生的概率通常非常小，确实在我管理伯克希尔公司股票投资的 38 年间，股票投资获利与投资亏损的比例大约为 100∶1。"

在投资中，投资者希望自己的每一笔投资都能获得丰厚的回报，但并不是每只股票都能赚钱。无论投资市场怎么变化，钱永远只会落入少数人的口袋，这是永恒不变的真理。

想要成为少数人，就要采用与其他投资者不同的做法，将自己的资金集中投资在少数几家经营稳定、具有强大竞争优势的公司的股票上。如此，才能用最低的风险赚取最高的收益，才能在变幻莫测的市场中找到通往成功的钥匙。

3. 集中大赌注的"坐等投资法"

投资决策的好坏是影响投资获利的关键，但每一次决策往往都伴随着风险。投资者想要降低，甚至避开这种风险，芒格的"坐等投资法"是一个不错的选择。

当芒格喜欢一家企业时，他通常会投入大量的资金，并长期持有该企业的股票，而这种投资方式被他称为"坐等投资法"。在他看来，"坐等投资法"除了以控制投资决策频率来规避风险之外，还具备降低交易成本、避免外部信息干扰两种好处。

众所周知，投资中的每一笔交易都需要缴纳税费，交易越频繁，所支付的费用就越高，赚取的利润也会相对降低，这一规则对于收益本就不高的普通投资者而言，属实不太友好。因此，降低交易频率是一种对投资收益的变相保护，用芒格的话来说就是："税务系统每年会给你 1% 至 3% 的额外回报。"

虽然 3% 的数值看起来并不多，但"坐等投资法"的另一项优势在于集中投资，资金投入的金额更高。假设投资者所投资的 100 万美元以每年 4% 的复利增长，20 年后就会变成 200 多万美元，如果再加上 3%，最后得出的数值将接近 400 万美元。

此外，"坐等投资法"的另一个好处对普通投资者而言，作用也非常明显。巴菲特和芒格两人在投资中都非常强调独立思考，但大多数投资者都不具备独立思考的能力，很容易受到外部信息的干扰，如专家的预测、朋友的推荐等。这些难辨真假的信息会大大影响投资者决策的正确性和频率，而"坐等投资法"讲究长时间持有，投资者自然不需要再去考虑外界的声音，从而降低了由投资决策带来的风险。

关于"坐等投资法"，芒格说："我们偏向于把大量的钱投在我们不用再另做决策的地方。如果你因为一样东西的价值被低估而购买它，那么当它的价格上涨到你预期的水平时，你就必须考虑把它卖掉。但是，如果你能购买几家伟大的企业，那么你就可以安静地坐下来。"

正如芒格所言，"坐等投资法"不需要再另做决策，但它需要一个前提条件，那就是"伟大的企业"。芒格认为只有具备创造自由现金流和回报股东的企业才符合"坐等投资法"的标准。他曾表示自己非常讨厌一类企业，它们每年创造的利润都很不错，但所有的现金必须再次投资到企业中，这意味着股东根本拿不到分红。虽然这类企业的发展看上去很好，可由于对股东不太友好，就不能作为"坐等投资法"的目标企业。

因此，投资者在使用"坐等投资法"时，一定要重点关注那些具有成长属性且能够为股东创造收益的企业。在巴菲特长期持有的企业中，称得上是成长属性最佳的企业，斯科特·费泽公司必定占据一席。

斯科特·费泽公司始创于1914年，最初的核心业务是制作和销售寇比真空吸尘器，随着不断发展，该企业在20世纪六七十年代逐渐收购了大批制造企业。截至1976年，它已经是一家拥有30多个运营部门、50多家工厂、7000多名员工、销售额达到3.43亿美元的大型企业。

1985 年，斯科特·费泽公司委托一家投资银行对自己进行出售，然而，经过多次推荐竟没有人接手。巴菲特听说消息后，迅速与企业拥有者达成协议，在 1986 年以 3.152 亿美元的价格收购了这家企业。当时，该企业的账面净资产为 1.726 亿美元，净利润为 4030 万美元，净资产收益率为 23.3%，同时企业还拥有 1.25 亿美元的现金。

斯科特·费泽公司被收购后，并未停止发展，它已经是一家侧重家庭和工业优质产品的领先制造商，旗下拥有 30 多个品牌，涉及多个行业。根据相关数据显示，该企业前 9 年为伯克希尔公司带来的总分红金额就已经达到了 6.34 亿美元；1998 年，在没有任何借款的情况下，企业靠着 1.12 亿美元的净资产，就创造出了 9650 万美元的净利润。如今，它依然在为伯克希尔公司提供源源不断的现金流。

巴菲特曾表示，如果斯科特·费泽公司是一家独立企业的话，仅凭净资产收益率就能名列财富 500 强公司的首位，且还会与后面的企业拉开很大的距离。

不过，"坐等投资法"对普通投资者而言存在一个巨大的难点，那就是投资的心态。曾经有人问过巴菲特这样一个问题："既然您的投资体系如此简单，那为何没有人能像您一样成功？"巴菲特回答说："因为没有人愿意慢慢变富。"

很多人期待在股市中一夜暴富，这导致他们在面对众多投资机会时会变得急功近利，难以抑制内心的冲动。可急躁恰恰是投资的大忌，如果投资者想要用好"坐等投资法"，就一定要忍得住诱惑，耐得住寂寞。

4. 集中持有 10 只股票，而不是 100 只

集中投资的策略，是指在投资中选择少数几只能够在长期持有过程中提供超越平均回报的股票。简单来说，就是投资的股票少而精，宁缺毋滥，考验的是投资者的仓位管理技巧。

关于仓位管理，巴菲特一般有三个原则：保有现金、分批建仓、永不满仓。其中，保有现金是巴菲特为了满足特殊情况下的现金需求而采用的方法，而分批建仓就是集中投资时逐步买入股票。

可究竟持有多少只股票才称得上合理呢？芒格认为一生中只持有 3 只股票就足够，而巴菲特建议持有 2 至 10 只股票为最佳。由此可见，集中投资策略的持股数量是一个"仁者见仁，智者见智"的问题，根本就没有统一的标准。

不过，无论是芒格和巴菲特，还是一些大力推荐集中投资的投资者，他们针对持股数量所给出的答案都没有超过 15 只。因为对普通投资者而言，15 只股票已经是集中投资所持有股票数量的极限，一方面是考虑到投资者的精力和时间，基于价值投资的理念，持有的股票越多，所需要考虑的内容就越多，一个人的精力和时间无法满足同时持有太多只股票；另一方面则是与投资的收益率相关。

《沃伦·巴菲特之路》的作者小罗伯特·G. 海格士多姆，通过采集大量投资数据进行实验，总结出投资组合中股票数量与投资收益率的关系。结果显示：

当投资组合中拥有 250 只股票时，投资的最高收益为 16%，最低收益为 11.4%。

当投资组合中拥有 100 只股票时，投资的最高收益为 18.3%，最低收益为 10%。

当投资组合中拥有 50 只股票时，投资的最高收益为 19.9%，最低收益为 8.6%。

当投资组合中拥有 15 只股票时，投资的最高收益为 26.6%，最低收益为 6.7%。

根据以上数据可以得出，当投资组合中股票数量越多时，收益率的波动区间越小，而集中投资的最低收益率虽然最低，但同时具备最高的收益率。由于该实验是在投资组合随机选择的情况下进行的，具有一定的客观性。从理论上看，当投资者在集中投资时，所持有的股票数量越少，获得高收益的机会也就越大。

也许有人会问，持有的股票数量越多，亏损的概率也就越小，只看收益率是否过于片面？其实，这个问题巴菲特早就给出了答案，他曾表示："集中投资于投资者非常了解的优秀公司的股票，投资风险远远小于分散投资于许多投资者根本不太了解的公司股票。"投资者需要明白的是，集中投资策略建立在价值投资的理论上，除了受意外因素影响的风险，其他风险都会在投资者的谨慎和耐心下大大降低。

永不满仓是巴菲特在为持有股票分配资金比例时所使用的一种技巧，当巴菲特选定一只股票后，他会先投入 10% 的仓位，该股票价格一旦下跌，他就随之加仓，加仓至 40% 为止。更多时候，巴菲特持有的股票仓位根本加不到 40%，股价就回头了，因此，巴菲特常见的投资仓位大概是 10% 至 25%。

控制仓位等同于控制风险，分散投资有利于降低投资风险，但需要建立在仓位相近的情况下，如果投资组合中共有 4 只股票，1 只股票的仓位为 85%，剩余 3 只股票的仓位均为 5%，就很难降低风险。

实际上，巴菲特并不会死守"40%"原则，在 2008 年伯克希尔公司股东大会上，巴菲特就提到自己愿意将净资产 75% 的资金投入到一家公司中。在投资生涯早期，巴菲特掌控的是一家合伙公司，私募投资者更重视收益的稳定，直到伯克希尔公司重组后，巴菲特才开始用自己的钱进行投资。对他而言，如果有很好的投资机会，他是不介意多投入一些资金的。但对于普通投资者而言，投资还是要保守一点，坚持"40%"的限制原则，能够提高胜算。

芒格说："我们的投资风格被称为焦点投资，意在持有 10 只股票，而不是 100 只或 400 只。"其实，这里的"10"和"100"都只是泛指，具体一个投资者到底应该持有多少只股票是没有标准答案的，适合自己才是最重要的。

此外，持有的股票之间还要保持弱相关性，仓位最高的几只股票应避免处于同一个行业，对投资标的的认知程度高的，就使用高仓位，反之就适度分散，以保证投资组合的合理性。

5. 股票越少，组合的业绩越好

　　股票的盈利源自买入和卖出之间的价格差额，客观来看，只要买进足够多的拥有盈利潜质的股票，收益自然会随着持有股票的数量增多而水涨船高。可事实上，投资者在投资中持有的股票数量越少，它们带来的收益才越大。

　　2023 年，巴菲特在致伯克希尔公司股东的一封信中回顾了过去 58 年的投资生涯，他坦言这些年自己的大部分资本配置决策都过于平庸，伯克希尔公司之所以能取得令人满意的结果，完全是由十几个真正好的决策带来的，也就是大约每 5 年一个。

　　而这些投资决策中就包括人们耳熟能详的投资可口可乐公司、苹果公司等。1994 年，伯克希尔公司完成了对可口可乐公司的 7 年购买计划，总投资 13 亿美元，共持有 4 亿股可口可乐公司股票，如今这笔投资的总价值达到了 250 亿美元。此外，每年还能获得大量的现金股息，且股息金额还在逐年增长，在 1994 年时，伯克希尔公司获得的股息为 7500 万美元，到 2022 年时，股息已经增长到 7.04 亿美元。

　　1995 年，伯克希尔公司向美国运通投资了 13 亿美元，如今这笔投资的总价值达到了 220 亿美元，年度股息也从 4100 万美元上涨到 3.02 亿美元，未来还会持续增长。

　　细数巴菲特的投资，最成功的莫过于押注苹果公司，他曾表示："苹果公司是我所知道的世界上最好的企业。"2016 年，巴菲特首次为苹果建仓，随后一路加码，累计投资 360 亿美元，持股占比为 5.8%。截至 2022 年底，这笔投资的总价值超过了 1500 亿美元。伯克希尔公司在回购公司股票后，这笔投资在现有资产中的占比已经接近 50%。

由此可见，巴菲特背后的庞大金钱帝国，并不是像人们想象的那样由成千上万笔投资组成，只不过寥寥数笔而已。这正好对应了"二八法则"，即投资者 20% 的股票创造了 80% 的利润，最多的利润来自最少的股票组合。

"二八法则"是管理学中的一个术语，最初指的是 20% 的人口掌握了 80% 的社会财富，后来通过不断发展应用到了各个领域，比如，20% 的客户贡献了 80% 的业绩，20% 的时间完成了 80% 的工作等。

对投资者而言，在投资之前必须评估企业的价值，但想要弄清楚一家上市公司的内部管理情况和经营状态是需要花费很多时间和精力的。因此，一下子就弄清楚很多只股票是不现实的，在巴菲特看来，那些一次性持有太多股票的行为无疑是非常愚蠢的。

除了无法发挥自己有限的资源之外，持有太多的股票还意味着需要承担更多的风险。芒格表示，自己和巴菲特只希望能找到少数几个机会。就像如果有人去问巴菲特，今年最好的投资机会是什么？他一定只会告诉对方一两只股票。

主动限制自己的出手次数是巴菲特常用的方法，他解释说："如果我的公司投资机会范围非常有限，比如，仅限于那些在奥玛哈这个小镇的私营公司，那么，我会这样进行投资：首先，评估每一家公司业务的长期经济特征；其次，评估负责公司经营的管理层的能力和水平；最后，以合情合理的价格买入其中几家最好的公司的股票。我是绝对不会想把资金平均分散投资到镇上的每一家公司中。"

在巴菲特看来，用最少的产品组合赚取最多利润的投资策略是非常实用的，既能避免投资者在仅对公司或股票感兴趣的时候进行投资，又能确保他在确定公司内在价值后，拥有足够的资金进行大规模投资。这一点也是大多数普通投资者比不上巴菲特的地方。

因此，投资者在投资中的最佳策略，就是尽量在最少的公司里面挖掘具有最大升值潜力的公司，用最少的股票组成最有效率的投资组合。

6. 当时机对你有利时，狠狠地下赌注吧

在股市中，想要投资收益率远远超过平均水平并不是一件容易的事情。投资者想要获得高额回报，就要像巴菲特和芒格一样，减少投资的数量，实现集中投资，同时把握对自己有利的机会，出手即下重注。

芒格在简化投资的概念时，常将它比喻成赌马，即每个人都可以下注，但赔率则根据赌注而变化。所有人都知道好马有很大概率跑赢劣马，但劣马的赔率是 1 赔 100，而好马的赔率是 2 赔 3，同时马会还要收取投注金额的 17% 作为投注费用。如此一来，仅

凭聪明才智是很难在赌马中赚到大钱的。而芒格有一个牌友，却将赌马作为职业，在全额支付投注费用后，依然赚到了很多钱。他使用的方法很简单，减少投注的次数，只在发现定错价格的赌注时才会狠狠下注。

在投资中想要成为赢家，也应如此。芒格曾表示："聪明人在发现时机对自己有利时，往往会狠狠地下注，其他时间则按兵不动，就是这么简单。"事实上，任何人都明白只有高投入才能获得高回报的道理，可一些投资者在面对极好的投资机会时，总是会有所保留，一方面是性格使然，不愿意冒一丝风险，只想着稳扎稳打，另一方面是内心难以抵御对亏损的恐惧，从而选择适量投资。而这些人在芒格眼中，就属于不太聪明的人。

在投资中，谨慎是好事，但过于谨慎往往会使投资者错过盈利机会。巴菲特和芒格可以称得上是非常谨慎的人，他们只在能力圈内行事，从不轻易出手，只要出手从不拖泥带水，一定是下重注。

2008年，金融危机席卷全球，伯克希尔公司也不可避免受到了影响，股价持续下降，公司市值缩水了115亿美元。根据以往的经验，经济危机过后势必会出现一些优质的股票，巴菲特将目光投向了美国伯灵顿北方圣太菲铁路运输公司，其实早在前一年，巴菲特就已经买入了一些该公司的股票。

2009年，伯克希尔公司斥资206亿美元，以现金加股票的形式收购了伯灵顿北方圣太菲铁路运输公司77%的股份，实现了100%控股，同时，还要承担该公司的债务。以当时的收购价格推算，该公司的市值达到了 340 亿美元。虽然金融危机已经过去了一年，市场经济有所复苏，但伯克希尔公司在 2009 年的市值也只有 590.34 亿美元，这笔投资几乎称得上是倾囊投入。

纵观巴菲特的投资生涯，他始终坚持以价值投资为理念，来判断一只股票是否值得投资，同时，该下重注时从不犹豫。就像他在 2009 年致伯克希尔公司股东的一封信中写的那样："如此巨大的机会非常少见。当天上下金子的时候，应该用大桶去接。"

其实，巴菲特在很早以前就明白了看准时机下重注的道理。1958 年至 1959 年，20 多岁的巴菲特决定买进桑伯恩地图公司的股票，除了合伙公司以外，他还以个人资金购买了股票，并鼓励身边的朋友们购买。最终，巴菲特以合伙公司 35% 的资金投入，获得了桑伯恩地图公司的控制权。这笔投资后来为巴菲特带来了 50% 的回报。

1964 年，巴菲特投资美国运通，同样是重仓投入，投资金额为 1300 万美元，合伙公司资产占比 40%。30 年后，伯克希尔公司持有美国运通 10% 的股票，价值 14 亿美元。

芒格曾在文章中写道："沃伦想让伯克希尔为那些将 90% 净资产投资于公司的人提供保障。我们总是小心谨慎，但这并不意味着我们不能做一些非常积极的事情或抓住一些机会。基本上我们会相当保守，我们将在另一边强势回归。"

在芒格看来，谨慎和胆量并不矛盾。投资者在筛选股票、分析企业内在价值的阶段，谨慎是必要条件。只有足够谨慎，才能避免被企业的虚假繁荣蒙骗，得到真实准确的内在价值，最大限度降低投资的风险。而这个过程旨在寻找投资机会，从市场的不确定性中找到确定性。

当投资时机对投资者有利时，就意味着他们已经找到了确定性。此时，已知风险已经被全部排除，谨慎反而就会变成投资的拖累。只有勇敢地迈出下一步，将大量的资金投入进去，才能获得远超平均水平的收益。

一些投资多年的股民之所以一直盈亏都不太大，很大一部分原因在于从未下过重注。即使出现亏损也不痛不痒，同样，盈利的金额也无法让自己的财富数量出现质的飞跃。由此可见，下重注是每一位投资者的必修课。

但需要注意的是，下重注的前提是要保证当前的时机对自己有利，否则即使是简单的尝试也不要去做。巴菲特在年轻时创办过一家合伙人公司，一位合伙人曾拿着一家公司的报告找到巴菲特，表示自己手上有一个好项目，只不过公司的前景目前无法预测，他建议公司可以尝试少投资一点。然而，他的建议立刻遭到了巴菲特的拒绝，理由也简单，投资者不能做没有把握的事情。

如果投资者已经找到了投资中的确定性，剩下的就是交给行动和时间去兑现这种确定性，不要担忧，也不要犹豫，狠狠下注即可。

06

长期主义：和时间做朋友

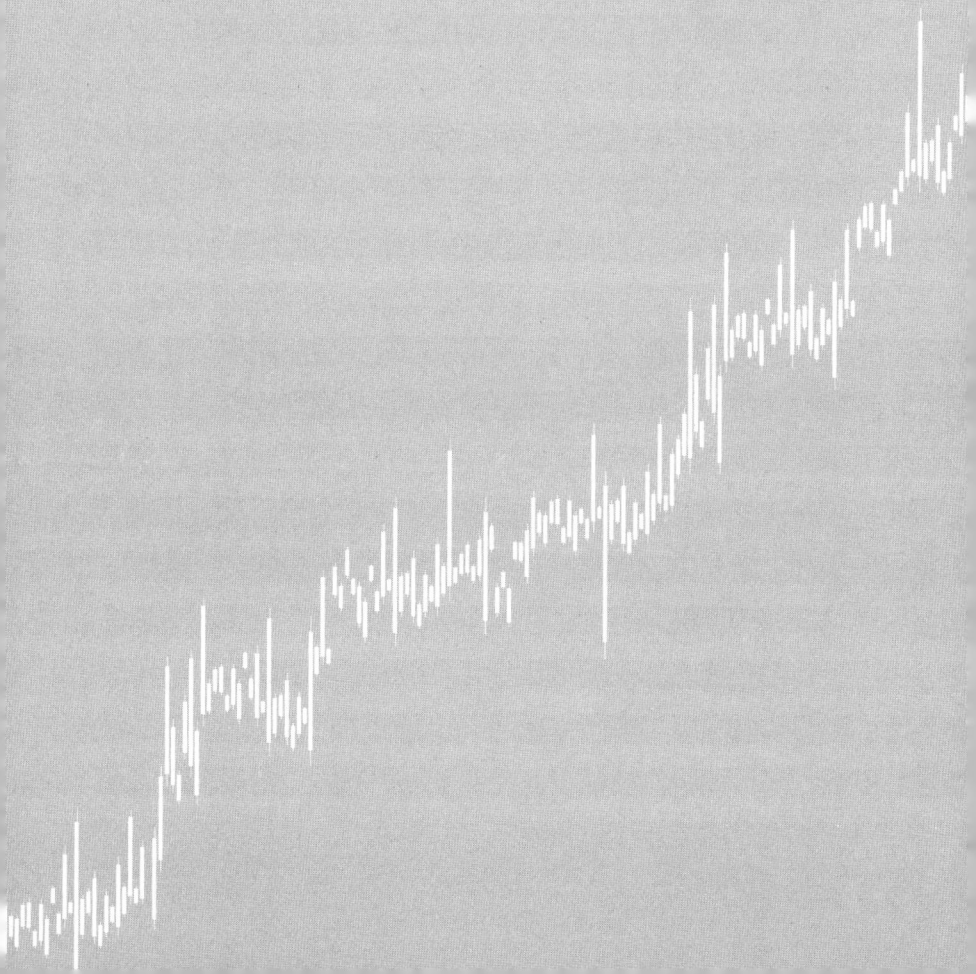

　　巴菲特说："如果你不打算持有某只股票 10 年，那 10 分钟也不要持有，我最喜欢的持股时间是永远。"买股票就是买企业的一部分，只有长期持有股票才可以享受企业增值带来的回报，在投资中获得稳定的收益。

1. 耐心不仅是美德，更是财富

　　在投资博弈中，耐心是一笔不可多得的财富。无论是选股还是持有，投资者只要能沉住气，始终遵从合理的投资理念，不急躁，不盲目，一定会成为股市中的赢家。

　　巴菲特在接受采访时，记者问过这样一个问题："为什么你投资出手的频率很低？"他的回答非常风趣："我希望一年能有一个好主意，如果有人催我的话，我大概会两年才能想出一个好主意。"

　　这种从容不迫的心态是巴菲特与普通投资者最大的区别。很多投资者在投资中往往显得特别急躁，当手中握有充足的资金时，他们总是害怕错过机会而随意进行投资。但巴菲特认为投资仅靠积极性是无法成功获利的，获利需要的是正确的决策，而决策需要一个过程，此刻耐心才是最重要的。抱着"资金与其放在手里吃灰，不如找几只股票搏一搏"的想法盲目投资，带来的只有失败。

　　芒格在给投资者的建议中也着重强调了耐心的重要性，他表示："你必须非常有耐心，你必须要等待，直到某件事出现，你才会发现自己所付出的代价是值得的。"

　　对投资而言，耐心必须贯穿整个过程，尤其是在选股、持股、买卖时机三个节点上最为重要。

　　在选股时，巴菲特和芒格有自己的投资标准，他们不会为了投资而投资，当没有适合的投资对象出现时，他们会耐心地等下去，即使是没有期限的等待，他们也能坦然接受。在 1998 年伯克希尔公司的年会上，巴菲特表示："我们已经有好几个月没有找到值得投资的股票了，我们还要等多久？我不知道，可能要无限期地等。我们的投资没有时间框架。如果我们等待投资的钱就要堆成山了，那就让它堆成山吧！"

　　1969 年，巴菲特曾隐退过一段时间，虽然他一直关注着股市，但没有进行任何一笔投资，同时还告诫自己的朋友不要随意投资。用他的话来说，此刻股市中已经没有值得自己投资的股票了，直到 1973 年，巴菲特才再次出手，杀入股市。

　　后来随着伯克希尔公司的发展壮大，巴菲特很少再出现隐退的选择，不过大型收购交易的间隔却还是很长。自 2016 年斥资 320 亿美元收购了航空航天制造商美国精密铸件公司后，他一直都是零零散散购买一些公司的股票。直到 2022 年，他豪掷 116 亿美元收购了阿勒格尼技术公司，才又开启了一笔大型收购交易。

等待合适的股票出现很重要，而等待合理的价格入手同样重要。巴菲特一直将"以便宜的价格买入好的股票"为投资准则，一旦确定所投资公司的价值，就要对出手时机有一个大致的判断，并耐心等待时机出现。

由于巴菲特收购阿勒格尼技术公司的决定十分突然，很多人都不明真相，甚至还有投资者询问巴菲特："之前在致股东的一封信中，你表示现在市场上让你们兴奋的东西不多，但为何仅仅过了十几天，就收购了阿勒格尼技术公司？"巴菲特解释说："在 3 月 7 日之前，我完全没有收购阿勒格尼技术公司的计划，直到约瑟夫·布兰登成了这家公司的总裁，我们聊过之后才临时下的决定。其实，我之前已经关注这家公司 60 年了，他们每一年的年报都看，那些年报已经装满了四个档案袋。"

阿勒格尼技术公司业务简单明了，商业模式清晰，是一家优秀的公司，它在投资方式和控股标的方面与伯克希尔公司十分类似。同时，巴菲特对该公司管理层和业务模式非常熟悉，只不过当时该公司由于经营上的一些问题，导致市场对它的估值有点儿低，使得巴菲特还在观望。直到曾带领德国通用再保险公司起死回生的布兰登到来，巴菲特意识到时机到了，即使支付了很高的溢价，他还是认为这个收购价格是偏低的。

此外，巴菲特的耐心不仅体现在买入前，买入后他也对股票保持了足够的耐心。2008年，巴菲特以每股8港元的价格收购了比亚迪2.25亿股股票，在2022年，比亚迪的股票价格攀升至每股258.8港元时，巴菲特开始出售比亚迪的股票，整个投资周期长达14年。在14年间，比亚迪的股价可谓跌宕起伏，其中有6年的股价涨跌幅度超过了50%，比如，在2009年，股价增长了近7倍，但接下来的两年却持续下跌。如果是普通投资者，在面对这种情况时，他们也许早已按捺不住，选择抛售股票，落袋为安。可巴菲特却坚定地持有比亚迪的股票，直到2022年，新能源汽车行业的发展进入巅峰期，巴菲特才选择逐渐减持套现，使这笔投资落下帷幕。

如果仅比较短期投资的收益率，巴菲特也许不能称得上是佼佼者，可在长期投资中的收益率方面，巴菲特却是一骑绝尘，远超其他投资者，而这恰恰就是耐心带来的结果。巴菲特也曾公开表示，自己的成就在很大程度上要归功于自己的耐心。

巴菲特说："一种近乎懒惰的沉稳一直是我们投资风格的基石。"因此，对于投资者来说，耐心是十分重要的素质，想要获得他人无法获得的回报，就要拥有他人无法企及的耐心。

2. 赚钱的秘诀不是买进卖出，而是等待

股票投资的收益来自两个方面：股票买卖和股息红利。由于

后者需要一定的条件，普通投资者往往更倾向于前者，习惯凭借短期持有和频繁的交易，来不断获取利益。可事实上，频繁的交易非但无法给投资者创造稳定的收益，反而更容易带来亏损。

在 1983 年致伯克希尔公司股东的一封信中，巴菲特表示，股票投资市场中最讽刺的一件事就是强调交易的活跃性，大多数经纪商也会将这种"交易性"和"流动性"包装成合理的理由，来说服投资者进行交易。可这对投资而言，无疑是荒谬的，因为频繁的交易不仅会增加交易成本，在不知不觉中消耗投资者的本金，还会带来更多的投资风险。

关于频繁交易，巴菲特说："华尔街靠的是不断的交易来赚钱，而投资人靠的是不去做频繁买卖来赚钱。如果在场的各位，每天都相互交易自己拥有的股票，到最后所有的人都会破产，钱都进了经纪公司的腰包。"

在股票交易的过程中，无论是买入还是卖出，投资者的本金和收益都要减去交易支出。如果投资者投资的企业净资产收益率为 12%，每一次买入和卖出时都需要缴纳 1% 的手续费。这意味着投资者只要换手一次，就需要支付企业当年净资产净值的 2% 作为交易成本，而企业盈利的六分之一就这样变成摩擦成本被消耗掉了。

股票交易越频繁，投资者的交易支出也就越多，对投资造成的损失也就越大。理论上讲，只要投资者交易得足够频繁，手中持有的本金迟早都会被消耗完。在巴菲特看来，这种频繁交易的行为像极了在音乐会中玩抢椅子的游戏，人们在争抢的过程中，早已经错过了音乐会最精彩的部分。

在股票投资领域一直存在着两个流派：价值投资派和技术分析派。前者推崇价值投资理念，将企业作为投资的研究核心，代表人物有格雷厄姆、巴菲特、芒格等。在他们看来，投资不可一蹴而就，企业的价值创造是一个循序渐进的过程，处于线性增长的状态，只有长期持有该企业的股票，才能充分享受价值的增长。

而后者主要研究图形走势，大多数是股市投机商人和普通投资者，他们信奉只要市场给了买卖的信号，就立刻买进或卖出，根本就不考虑时间的长短。一些投资者之所以热衷于频繁交易，问题就在于他们对于自己的技术分析非常自信。其实，他们的最终目标在于找到那些"妖股"，希望自己能够一夜暴富，可问题在于实现这个目标的难度很大。

巴菲特和芒格之所以反对频繁交易，主要是因为频繁交易存在很大的弊端，除了成本损失外，还体现在投资风险、心态变化等方面。

任何股票的短期走势都具有很大的不确定性，随着市场的波动而变化，投资者很难判断股票的确切走向。这意味着投资者很难把握好买入和卖出的时机，即使亏损不大，盈利也不会太高。更何况，一个人不可能一直拥有好运，频繁的交易势必会迎来大量的亏损，此时，投资者就需要通过及时止损来控制风险，但多次止损所带来的损失也是不可估量的。这也是很多投资者在盈亏参半的情况下，最终依然亏损的原因。

在频繁的交易中，投资者由于迫切想要获得收益从而变得急功近利，即使精通股票分析的人也会出现判断和操作上的失误。同时，投资者需要关注的股票数量大幅增加，使他们的注意力很难集中，更加提高了操作的难度。

因此，投资者应尽量避免频繁交易，平衡投资中买卖、持有和观望的占比，千万不能有靠着短期投资带来的微薄收益积少成多的想法。在等待中找到一只能够获得大幅增长的股票来获得收益更实际且更安全，当它的价格上涨到一个可以接受的范围后把握时机果断出售，才是最佳的方案。

巴菲特说过："股市就是一个再交换中心，资金从频繁炒作者之手流向有耐心之人手中！"股票的价格无论是上涨还是下跌都是对投资者的考验，足够的耐心才是投资者通往成功的必备条件。

3. 少于 4 年的投资都是愚蠢的投资

在投资中，长期持有股票对普通投资者来说并不是一件容易的事，由于投资的目的是追求利润，股价的涨跌带来的心理冲击是不可避免的。如果投资者想要获利，就一定要沉得住气，深刻理解巴菲特的价值投资理念，明白长期持有的重要性。

巴菲特在解释短线投资和长线投资的区别时，举了一个有趣的例子：投资就像找女朋友，只有不断地约会才能慢慢感受到她的与众不同，并判断出双方在现实和灵魂上的契合度。假如在深入了解之前，我们断然认定对方不合适，然后另寻新欢，就很难找到一个理想中的伴侣。

在投资中也是如此，如果投资者仅将市场波动作为买卖的风向标，不断地买进和卖出，势必会亏得血本无归。巴菲特就曾戏言："用屁股赚钱比用脑袋赚得更多。"指的就是这一类人。他的意思是，在股市中，这类人总是不能将屁股稳稳地坐在牛股的背上，而是不断地寻找、跳跃，他们虽然骑了很多"牛"，却根本没有跑出去多远，其实只要耐心地在一只"牛"背上坐一会儿，收益也要比现在好得多。

巴菲特精通长线投资，并谙熟企业经营发展之道，所以他告诫投资者："少于4年的投资都是愚蠢的投资。"

1976年，盖可保险公司出现巨额亏损，股价一路狂跌，濒临破产。此时，巴菲特斥资410万美元买进了该公司大约130万股股票。一年之后，公司恢复盈利，全年营业收入达到了4.63亿美元，盈利金额为0.586亿美元。

1980年，盖可保险公司的净资产收益率达到30%，几乎是同行业公司的两倍，公司总市值达到2.96亿美元，巴菲特继续增持，从1976年至1980年共投资4700万美元，共持有该公司33%的股份。

1992年，盖可保险公司的市值增长到46亿美元，而巴菲特在1976年投资时的1美元在1980年也变成了27.89美元，高达29.2%的年复利回报远超行业平均水平。同时，该公司在稳步发展的过程中，还在不断回购自己的股票，使得巴菲特的股权占比不断提高，收益也大幅增加。

巴菲特一开始买进股票时，每股价格为 3.18 美元，中间还投资了 1940 万美元参与其可转换优先股，到 1980 年，盖可保险公司的股价已经涨到每股 14.8 美元。4 年的时间已经让巴菲特赚得盆满钵满，他却毫不犹豫地继续投入，12 年后，这项投资的回报金额已经变成了天文数字。

后来，巴菲特在 1984 年致股东的一封信中写道："我们宁愿要盖可保险的公司价值增加 X 倍而股价下跌，也不要公司内在价值减半而股价高涨。包括盖可保险公司这项投资，乃至于我们所有的投资，我们看的是投资的公司本质的表现而非其股价的表现，如果我们对投资的公司的看法正确，市场终将还它一个公道。"

巴菲特又一次强调了投资中公司价值的重要性，他表示："公司的价值通常不会在短时间里充分体现，投资者能赚到的一点钱也通常会被银行和税务瓜分。"事实也确实如此，当一家公司的内在价值足够好时，在排除任何意外因素的干扰下，它的业绩在未来的某一天一定会发生翻天覆地的变化，投资市场中的人们也会认可它的价值。可是，这需要一个漫长的过程，也许是 1 年，也许是 10 年。而巴菲特所提到的 4 年也只不过是一个大概的数值，因为一般来说，每个行业在 3 年至 5 年内都会有一个发展周期。

短线投资的确也能够盈利，可就连华尔街的那些投资大家，都吃过短线投资的亏，遭受了颇为严重的亏损，比如曾叱咤投资界的乔治·索罗斯和伯纳德·巴鲁克，连他们都无法控制自己对投资利润的渴望，更何况是普通人。甚至，巴菲特的老师格雷厄姆也曾因盲目抄底而倾家荡产。

1929 年，美国股市出现剧烈震荡，股价狂跌不止，没来得及撤退的格雷厄姆遭受了巨大损失，不仅将前期的盈利全部还了回去，还损失了 20%。到 1930 年，格雷厄姆判断股灾已经过去，为了重回巅峰，他开始疯狂抄底股市，甚至不惜大肆借债，结果他低估了这场投资者的灾难。3 年的时间，格雷厄姆的联合账户已经亏损了 70%，而他在这段日子里也没从账户中得到一分钱，只能靠教书和写作来维持生计。

巴菲特表示："我理解那些有一夜暴富思想的人，但是你们要知道，这个成功与失败的概率是很多人承受不住的，因此我建议投资者把更多的目光放在盈亏的质量上，从而避免一些风险和失误，并且有时间和精力在市场中充分学习和研究。"

而学习的目标就是像巴菲特一样，在投资中实现长期巨大的收益。投资者一定要记住，投资不是闪电战，而是一场持久战。

4. 复利，长线投资获利的秘诀

复利是一种计算利息的方式，本金在第一个周期内产生的利息，在第二个周期会划到本金当中，如此往复，本金的数额会呈几何增长，到最后会得到一个天文数字。

巴菲特对复利有一个形象的比喻：复利就像是从山上向山下滚雪球，一开始雪球很小，但向下滚的时间越长，雪球黏合得就越牢，最后雪球就会越来越大。而芒格则引用了本杰明·富兰克林对于复利的评价："复利能将你所有的铅块都变成金子，金钱拥有强大的繁殖能力，钱能生钱子，钱子能生出更多的钱孙。"投资者利用复利就能够获得令人难以想象的财富。

巴菲特在 1962 年致伯克希尔公司股东的一封信中提到了复利的威力，他表示："最初西班牙女王伊莎贝拉资助了哥伦布大约 3 万美元，如果按照每年 4% 的复利计算，到 1962 年，这笔钱将达到恐怖的 2 万亿美元。"

复利拥有令人敬畏的力量，这种力量得益于它在计算过程中的两个重要组成部分：时间和回报率。复利的公式为 $F=(1+I)^N$，其中，F 代表最终收益率，I 代表回报率，N 代表时间。这意味着时间越长，回报率越高，复利所产生的最终收益就越高。

巴菲特偏爱长期投资，并积累了巨额的财富，靠的就是对复利的利用。他在投资时会挑选那些经营稳定且年复合收益率高的企业。比如，1964 年投资美国运通公司，1973 年投资华盛顿邮报公司，1988 年投资可口可乐公司，1991 年投资吉列公司。除了高回报率，巴菲特还保证了股票持有的时间，让伯克希尔公司以 23% 的复合回报率快速增长，被《福布斯》杂志评价为"了不起的复利机器"。

投资者在利用复利时一定要注意投资时间和回报率。时间不用多说，自然是越长越好。复合收益率一定要保持稳定，细微的差别就能造成巨大的差距。巴菲特算过一笔账："1000 美元的投资，收益率为 10%，45 年后将增值到 72800 美元；而同样的 1000 美元，在收益率为 20% 时，经过同样的 45 年将增值到 3675252

美元。上述两个数字的差别让我感到非常惊奇，这么巨大的差别，足以激起任何一个人的好奇心。"

芒格也曾感叹："如果既能理解复利的威力，又能理解获得复利的艰难，那就等于抓住了许多事情的精髓。"巴菲特的经验告诉人们，长期持有一只具有高复合收益率的企业股票，将给自己带来巨大的财富。想要在长线投资中合理地利用复利，投资者需要注意以下三个问题。

第一，重视盈利和本金的转换。复利是一个稳定增长的过程，为了维护这种稳定，投资者必须控制自己消费和再投资的冲动，将每一分盈利全部转换成本金是复利的基本要求之一。一些投资者见到投资持续获利时很容易变得松懈，他们有时候会选择将盈利的部分用作日常消费或再投资其他项目，如此一来，本金的增长就会停滞，大大降低财富增长的效率，同时在遭遇亏损时还会最大限度损失本金。

第二，确保长久稳定的收益率。根据复利的公式可以得出，复合回报率需要保持常年稳定，才能使收益快速增长。对长线投资而言，暴利并不是实现财富增长的必要条件，稳重、保守、持续才是最重要的。关于收益率的具体数值，巴菲特将选股目标的收益率定为23%，但并不是所有人都能像巴菲特一样轻松找到这样的机会，对于普通投资者而言，将目标设定为10%至20%即可，只要不贪图一夜暴富的机会，对股票进行详细且谨慎地分析，这样的目标还是可以实现的。

第三，对大额亏损保持警惕。投资者在使用复利时，一定要警惕亏损，复利的收益需要很强的连续性，一旦回报率下降，投资收益的增长就会变慢。如果出现亏损，那复利的节奏就会被打乱，甚至还容易让投资者之前的付出化为乌有。因此，想要合理地利用复利获得收益，一定要懂得放松的道理，当股市出现大的动荡时，该脱身时一定不要犹豫。

此外，投资者还要注意，如果发现了合适的股票，尽量早投资。巴菲特在投资中获得高回报的例子往往是投资的时间很早，等股票在股市中引起其他投资者的注意时，他已经持股很长时间了。因此，他所获得的收益要远远高于其他投资者。

投资者千万不要嫌弃自己的投入太低，即使再少的本金经过复利，也会变得很多。关键在于投资者需要用长远的眼光去看待投资，要用有限的财富购买到合理的股票，并长期持有下去，它才能带来远超想象的回报。

5. 挖掘值得长期投资的不动股

投资者对长期投资提不起兴趣，主要是担心投资的周期太长，会让自己错失很多好的机会，若是投资成功倒也无妨，一旦投资失败，那就是得不偿失。毕竟普通投资者的实力不允许自己将一笔又一笔投资随意搁置到市场中。但是，巴菲特认为无论是资金雄厚的投资大亨，还是最普通的投资者，长期投资对他们来说，都是一项绝佳的策略。

众所周知，巴菲特和芒格是狂热的长期投资爱好者，2001 年，巴菲特在西雅图俱乐部的演讲中说道："我从不认为长期投资非常困难……你持有一只股票，而且从不卖出，这就是长期投资。我和查理都希望长期持有我们的股票。事实上，我们希望与我们持有的股票白头偕老。我们喜欢购买企业。我们不喜欢出售，我们希望与企业终生相伴。"

在巴菲特看来，长期投资其实并不难，挑选出合适的股票进行投资，如果企业的经营状态良好就一直持有。但是，关键在于如何找到这种值得长期投资的股票，这是普通投资者最关心的问题，同样也是他们恐惧的来源。

巴菲特的方法很简单，就是深入了解企业。他曾表示自己从来不站在市场分析师的角度来审视企业，而是将自己当作这家企业的经营者，去了解企业的产品历史、财务状况、未来的成长性等内容，然后基于这些情况来判断该企业的股票是否值得投资并长期持有。

2013 年，伯克希尔公司和巴西 3G 资本公司合作出资 230 亿美元，收购了亨氏食品公司。巴菲特在审视亨氏食品公司时，明确表示："这是我们喜欢的公司类型。"

亨氏食品公司的历史最早可以追溯到 1869 年，可谓底蕴深厚。该公司主要的产品为番茄酱和酱菜，其中，亨氏番茄酱在全球番茄酱行业中排名第一，是一款家喻户晓的产品，在辨识度上与可口可乐不相上下，而亨氏酱菜在酱菜行业中同样名列前茅。这意味着它拥有其他同类产品难以企及的品牌优势，为企业的发展构建了一条非常稳固的护城河。

　　除了悠久的历史，亨氏食品公司的发展前景也非常优秀，它不仅能够维护好当前市场的份额，还于 2010 年收购了福达（中国）投资有限公司，于 2011 年收购了巴西的美洲康尼速食公司，积极抢占新兴市场。据相关数据统计，2012 年，亨氏食品公司的营业额达到了 116 亿美元，其中 20% 的营收来自新兴市场。

　　巴菲特在收购亨氏食品公司时，亨氏的股票价格为每股 72.5 美元，经过估算，当公司未来 10 年以 7% 的速度增长，随后以 5% 的速度增长时，以贴现率为 9% 计算，股票价格为每股 96.4 美元，即使以 5% 的增长率永久增长，那股票的价值也应为每股 82.1 美元。而从 2013 年到 2018 年的 5 年间，亨氏公司的年复利增长率为 8.4%。

　　通过巴菲特对亨氏食品公司的分析，可以得出值得长期投资的企业有两个明显的特点：行业垄断性和不可复制。行业垄断赋予了企业漫长的寿命，它们也许发展得有些缓慢，但好在拥有良好的持续性。当然，这里的垄断并非定义上的垄断，而是企业产品在市场中占据较大的份额，比如，可口可乐、亨氏、吉列等企业的产品销售量在同行业内一直名列前茅。

　　而不可复制性使企业很难在市场竞争中被淘汰，这种不可复制性让可口可乐时至今日仍然活跃在市场中，即使新型饮料层出不穷，它依旧屹立不倒。

　　也许有人会问：股市的风险这么大，如果长期持有几只股票，与购买古董坐等升值的做法又有什么区别？的确，长期投资考验耐性。但不同于古董收藏，企业的价值能够被评估出来，未来的发展也有迹可循，只要选择一只值得长期投资的股票就能得到好的成绩。古董却不然，它的价格完全是由市场决定的，而且很难预测，所以看上去更像是押宝。

巴菲特表示："当潮水退去的时候，才知道谁在裸泳。"时间是优秀企业的朋友，时间足够长，优秀企业的价值就会慢慢凸显，同时那些劣质企业的弊病也会纷纷暴露出来。投资者既然选择长期投资，就要做好等待的准备，坚持下去才能见到曙光。

此外，当一家企业不断成长时，长期持有要比撤出来有更多的好处，除了收益之外，投资者所需要缴纳的资本所得税会延后，减少了很多交易费用，这也从侧面提高了投资者的收益。

对于投资者来说，想要长期投资就要做好功课，在市场中找到那些值得自己投资的优秀企业。

6. 长期持有不等于死拿不放

巴菲特推崇长期持有股票，在他看来，短期投资很难带来真正的成功，只有长期持有并让公司不断地成长、发展，才能从中获得巨大的投资回报。但是，长期持有并不意味着永远都不出手。

在漫长的投资生涯中，巴菲特热衷于长期投资，他曾公开表示："对于那些质量非常好的股票，我是会选择长期持有的，甚至如果这只股票让我心动到觉得无法再找到同样的股票时，我会选择永远持有它！"事实也正如他所说，像可口可乐公司，巴菲特持股 30 多年，美国运通公司，巴菲特持股的时间长达 60 年。

　　不过，巴菲特的这席话旨在告诫投资者们一定坚持长时间的价值投资，不要轻易抛售手中的好股票，而并非建议他们死抓着一只股票不放。投资的目的是盈利，不出售股票又如何盈利呢？

　　再者，对于巴菲特这样一个掌控着庞大金融帝国的人来说，资金从来就不是问题，即使长期持有一些股票，也并不妨碍他继续买进优质的股票。而对于普通的投资者来说，无限期持有就有些异想天开了，现实就是在投资一只新股之前，必须将持有的股票出售，否则根本没有足够资金来完成交易。况且，巴菲特并不是长期持有所有的股票，有时候，他也会用一个很高的价格卖掉手中的优质股票。

　　长期持有的意义在于判断出最合理的出售时机。持股的时间越长，对公司的了解就会更加详细，所得出的结论也就更加合理。巴菲特在投资中，一开始决定短期持有的股票，经过了解分析，发现其具备发展潜力后，也会将它归为长期持有的范畴。比如，在 1989 年，巴菲特购入了可口可乐公司的股票时，他最初并没有长期持有的想法，可随着对可口可乐公司的认识越来越深刻，他才发现这是一只非常好的优质股，于是开始长期持有股票，并表示"死也不会把这只股票卖掉"。

　　而那些长期持有的股票，在遭遇某些变故后，他也会毫不犹豫地减持或清仓，来获取收益或降低亏损。比如，1984年，巴菲特购入了美国广播公司的股票，并在接下来的两年中连续增持，甚至公开表示将永久持有该公司的股票。可10年之后，迪士尼收购了美国广播公司，巴菲特在考虑一番后还是决定将股票出售给迪士尼。

一些投资者在投资中屡屡失利，就是没能理解长期持有股票的真正意义。当股价因市场因素大幅上涨时，才是对投资者真正的考验。一些人懂得见好就收，直接抛售股票，可回过头发现抛售的股票是潜力无限的优质股，于是心中悔恨不已；而另一些人坚信自己手中的股票是优质股，此刻的股价暴涨就是凭证，无论价格如何波动，都无法动摇他们持有股票的决心，以至于最后错过了最佳的变现时机。

投资市场的波动会影响股票的价格，但真正决定股票价格的因素是股票背后公司的价值。投资者在长期持有股票的过程中，要去了解公司的价值，同时洞察价值的变化，以免错失良机。

对于长期持有股票，巴菲特认为其出售的时机可以从三个方面来判断。

第一，基础业务是否发生了变化。如今的公司都喜欢多样化经营，但无论经营的行业有多少种，必定有一个主营业务，比如，万科的房地产、网易的游戏等。当一家公司的主营业务发生变化时，会对公司造成很大的影响。

主营业务发生变化的因素有很多，比如，宏观经济的变化，管理层决策失误，行业整体变动。如果是市场经济整体下滑，投资者就需要关注公司是否有能力顶住压力；如果是管理层的问题，投资者就需要关注高层管理者的变动及是否能够挽救公司；如果是行业没落，如随身听、DVD被市场淘汰，公司一旦无法创造出新的生存空间，就要及时脱身。

第二，股票的价格是否被低估。如果是可口可乐这样的公司，它的股价可能会出现波动，但从长远的角度来看，股价波动时，上涨得再高，也远远比不上它的内在价值。如果是这类股票，无论以什么样的价格出售都是不明智的。

可如果投资者手上的是一只普通的股票，因投资市场繁荣，它的股价上涨到公司价值无法达到的高度，就应该果断出售，以换取实际的收益。比如，2022年，在比亚迪高歌猛进之时，巴菲特却一反常态选择减持股票，尽管比亚迪拥有很好的成长性，但无奈股价已经涨到了一个无法想象的地步。芒格表示："我们会继续看好比亚迪，但就目前而言，比亚迪的股价已经处于高位了。"

第三，是否换股的问题。如果投资者遇到了一只更好的股票，由于资金有限不得不出售股票，就要考虑是否把握这次机会。换股是投资中常见的情况，关键在于我们要对新股票有充分的了解和十足的把握，切不可为了追求更高的利润而轻易换股。

当投资者对长期持有股票存在疑问时，就可以询问自己关于出售时机的三个问题，只要能一一解答，就能对股票的买入和抛售更有信心，做出的决策也将更为合理。

7. 错误的长线投资会带来损失

巴菲特热衷于长线投资，且长线投资为他积累了巨额的财富。不过投资者需要认清一点，巴菲特成功的关键在于投资，而不仅是长期持有。如果只是为了实现长线投资而长期持有股票，就等于本末倒置，反而会让自己遭受损失。

长线投资的确是一个很好的投资策略，但它不像表面上看起来那么简单。很多采用长线投资策略的投资者身上仍然留有短线投资的习气，事实上，他们并不是真正了解长线投资的理念，只是听说巴菲特使用长线投资在股市中频频得手才盲目跟风。

细数巴菲特长期持有的股票，无论是可口可乐公司，还是苹果公司，它们都符合巴菲特的价值标准，即股票的背后是一家优质的公司，公司能保持良好的经营状态，股票的价格远低于公司内在价值……而对于那些没有长期持有价值的股票，他根本就不会考虑买进。这就意味着长期持有同样需要慎重考虑，且并不是长期持有就一定能带来收益。

投资者之所以会在长线投资中频频失利，主要是陷入了选时和选股两个误区。一般情况下，为了确保收益，投资者往往会在股价疯涨时选择建仓，期望股票持续上涨，可基于价值投资的理论，一只股票的股价始终会在公司内在价值对应的价格附近上下波动，一旦股价远超公司的内在价值，在未来的时间里就很可能出现持续下跌的情况。如果投资者建仓的价格高于公司内在价值，投资势必会出现亏损。

　　巴菲特总是在金融危机时静默，市场低迷时疯狂出手。就是因为市场越低迷，一些优质公司的股票越容易被市场低估，此时建仓才是最好的选择。

　　在股票的选择上，投资者需要避免在长线投资时依然使用短线投资的选股思路。短线投资侧重于一段时间内涨幅较好或比较热门的股票，而这类股票波动较大，如果用长线投资的方式去持有这些股票，往往会错过最佳的套现时机。适合长线投资的股票往往处于潜伏期，是市场中尚未被挖掘出来的潜力股。投资者选择这种股票进行投资，才能达到盈利的目的。

　　投资者需要明白一点，股票的涨跌受两种因素影响，其一是股票背后公司的经营状态，其二是投资市场的整体发展水平。对长线投资而言，投资者需要重点关注第一种因素。

　　还有一种错误类型是被迫长线投资。一些投资者只了解到长线投资的好处，却根本没有真正理解长线投资，因此，他们因错买高位而被套牢后就会选择长期持有，等待奇迹发生。

　　事实上，套牢即守和长线投资完全就是两个概念。投资者被套牢的主要原因在于高位建仓，在投机心理的驱使下，购买了大量价格偏高的股票，最后只能眼睁睁地看着资金逐渐缩水。此时，除了割肉解套之外，并没有太好的方法，寄希望于长期持有获利更是天方夜谭。而长线投资建仓的价位都比较低，由于对股票进行了详细的了解，即使在持有过程中价格出现波动，也是可以承受的。两者不可混为一谈。

　　长线投资忌讳频繁交易，但这并不意味着长线投资不能换手。

投资者如果死守着长线投资的理论，出现亏损是必然的事情。股市无常，任何情况都有可能发生，当自己所持有的股票开始出现被市场严重高估的情况时，换手才是最明智的选择。巴菲特所投资的盖可保险公司就是在这种情况下被挖掘出来的。

谁也无法料定一只股票涨到正常价格需要多长时间，有的需要几个月，有的甚至需要几年，又或者两三个星期就能完成。那么，投资者在面对快速涨幅的情况时，要及时调整策略，不可恋战，应速战速决。

在20世纪50年代，和巴菲特一样进行长线投资的人不在少数，可他们的结局没有像巴菲特一样美好。问题就出在他们选择的股票不对，或者建仓的时间段有问题。投资者切不可以为一只股票只要长期持有就一定能获利，从而盲目地选股，盲目地买进股票，否则等待自己的只有亏损的结局。

此外，巴菲特进行长线投资还有另一层考虑。由于投资收益需要缴纳税款，而美国规定的税款非常高，因此，伯克希尔公司长期持有的股票，有一些在卖出时所缴纳的税款几乎可以抵消掉大部分收益。此类股票进行套现并没有太大的意义，如果长期持有还能得到股息分红，保持投资业绩。

巴菲特之所以能成为投资界的传奇，自然对投资有着独特的理解，投资者也不可能仅凭几场演讲、几个案例就能领悟他全部的投资秘诀，任何知识都不会如此肤浅。对投资者而言，不如静下心来学习他的思维方式和投资技巧，以便让自己在面对投资时更加游刃有余。

8. 养成终身阅读的好习惯

在纪录片《成为沃伦·巴菲特》中，巴菲特说："一个人一生如果想要获得过人的成就，注定与读书和终身学习形影不离。"正是这种坚持终身学习的态度，让他成为美国历史上在投资领域最有知识和经验的人。

巴菲特热衷于读书，几乎每天都要花费几个小时来阅读书籍。芒格评价他说："我这辈子遇到的聪明人，都养成了终身阅读的习惯，沃伦读书之多，可能会让你感到吃惊，他就像是一本长了两条腿的书。"

巴菲特与书籍结缘可以追溯到年纪很小的时候。在 7 岁时，他从本森图书馆中借走了一本名为《赚 1000 美元的 1000 种方法》的书，这让从小酷爱赚钱的他如获至宝，开始频频实验书中的方法。之后的日子里，他爱上了图书馆这个地方，并在 10 岁时就已经读完了奥马哈市图书馆中所有关于金钱、经济、投资的书，即使过去了几十年时间，他依然记得《世界年鉴》一书中 1930 年奥马哈市的人口总数。

除了书籍，财经类报刊也是他的日常读物，其中《华尔街日报》是他的最爱。他曾请求奥马哈邮局的工作人员，能在报纸运送到邮局时，顺手在自家窗台上放一份，以便自己能够及时阅读这份报纸。

19 岁时，巴菲特第一次阅读《聪明的投资者》，读完之后变得兴奋异常，当时与他合租的杜鲁门·伍德回忆说："他就好像找到了上帝。"从此之后，巴菲特开始进行大量的针对性阅读，并在进入哥伦比亚大学之前，已经读完了不下 100 本商业书籍。而进入大学后，他也时常泡在图书馆中阅读。

由于庞大的阅读量和知识储备，巴菲特深受老师们的喜爱。在上金融系主任的课时，老师主要以《证券分析》一书为基础，为学生教授证券管理和证券分析，而这本书巴菲特早已倒背如流。同样，在格雷厄姆的讲座上，巴菲特的阅读量也让讲座变成了格雷厄姆和巴菲特的二重奏。

即使后来参加工作，空闲时间减少，巴菲特依然没有舍弃阅读的习惯。当时，格雷厄姆控股了盖可保险公司，巴菲特经常去这家公司开阔眼界，从而对保险产生了极大的兴趣。于是，他在工作之余一头扎进内布拉斯加州林肯市的图书馆中，查阅与保险相关的文献和资料，学习了很多关于保险业务的知识，并了解到当时美国保险业的发展情况，这也为他在未来投资事业中拓展保险业务奠定了基础。

甚至在功成名就的晚年，巴菲特依然保持着阅读的习惯，每天的大多数时光都是一个人独自在书房或办公室安静地度过，阅读各种新闻、财报和书籍。很难想象一个亿万富翁的办公室中竟没有一丝奢华，甚至连电脑都没有，有的只是填满书架的书籍和摊满桌子的新闻报纸。为此，芒格曾评价巴菲特说："如果你拿着一个时钟看沃伦，我会说他有一半的时间都是花在看书上。"

作为巴菲特的搭档，芒格同样是一个狂热的阅读爱好者，假如芒格和身边的人玩猜谜游戏，谜面是芒格的双手，那所有人都知道谜底一定是书籍。因为，他的双手总是捧着一本书。

有一次，芒格坐飞机出差，在过安检时遇到了麻烦，始终无法通过。他只得一遍又一遍地检查携带的物品，等到安检通过时，飞机早已经起飞。可他并没有生气，而是掏出一本书来阅读，耐心等待下一班飞机。芒格表示："我只要有一本书，就不会觉得浪费时间。"

相较于巴菲特在阅读方面对商业的偏好，芒格的阅读范围要更加广泛，传记类、科普类、科学类等都有所涉及。芒格的家族与戴维斯医生是世交，芒格经常去医生家翻看一些医学方面的书籍和期刊，有时候还会观看一些手术录像。在上大学时，他对物理学科感兴趣，也会去阅读一些晦涩难懂的专业书籍。在他看来，世间的道理是相通的，在阅读上广泛涉猎有助于提高对世界的认知。而这种跨学科学习的方式在未来对他的思维方式起到了非常重要的作用。

巴菲特不仅自己养成了终身阅读的习惯，还在有意识地培养孩子在阅读方面的兴趣。他认为父母不可能永远陪着孩子，孩子需要去探索世界，遇到问题后需要尝试自己去解决，而大多数难题在书中都有答案。

阅读会让人见识一个更广阔的世界，终身阅读的习惯能推动年轻人走得更高、更远，领略更精彩的人生。

1. 克尼厄姆. 向格雷厄姆学思考，向巴菲特学投资［M］. 王庆，徐隽，译. 北京：中国财经出版社，2005.

2. 罗杰·洛温斯坦. 巴菲特传［M］. 蒋旭峰，王丽萍，等译. 北京：中信出版集团，2008.

3. 罗伯特·哈格斯特朗. 巴菲特之道［M］. 杨天南，译. 北京：机械工业出版社，2015.

4. 玛丽·巴菲特，戴维·克拉克. 巴菲特教你读财报［M］. 李凤，译. 北京：中信出版集团，2015.

5. 罗伯特·G. 哈格斯特朗. 查理·芒格的智慧：投资的格栅理论［M］. 郑磊，袁婷婷，贾宏杰，译. 北京：机械工业出版社，2015.

6. 特兰·格里芬. 查理·芒格的原则［M］. 黄延峰，译. 北京：中信出版集团，2017.

7. 杰里米·米勒. 巴菲特致股东的信·投资原则篇［M］. 郝旭奇，译. 北京：中信出版集团，2018.

8. 艾丽斯·施罗德. 滚雪球：巴菲特和他的财富人生［M］. 覃

扬眉，等译.北京：中信出版集团，2018.

9. 帕特·多尔西.巴菲特的护城河［M］.刘寅龙，译.北京：中国经济出版社，2019.

10. 丹尼尔·佩科，科里·雷恩.巴菲特和查理·芒格的内部讲话［M］.高剑，译.湖南：湖南文艺出版社，2020.

11. 罗伯特·哈格斯特朗.投资的本质：巴菲特的12个投资宗旨［M］.刘寅龙，译.北京：机械工业出版社，2020.

12. 彼得·考夫曼.穷查理宝典：查理·芒格的智慧箴言录［M］.李继宏，等译.北京：中信出版集团，2021.

13. 路易斯·纳维里尔.巴菲特的选股真经［M］.刘寅龙，译.广州：世界图书出版公司，2021.

14. 戴维·M.达斯特.巴菲特资产配置法［M］.伍文韬，译.广州：世界图书出版公司，2021.

15. 珍妮特·洛尔.巴菲特幕后智囊：查理·芒格传［M］.邱舒然，译.北京：中国人民大学出版社，2021.

16. 陆晔飞.巴菲特的估值逻辑：20个投资案例深入复盘［M］.李必龙，林安霁，李羿，译.北京：机械工业出版社，2021.

17. 劳伦斯·A.坎宁安.巴菲特给投资者的建议：如何识别和坚定持有高品质企业［M］.马林梅，译.北京：中国青年出版社，2023.

18. 蒂默西·韦克.巴菲特教你选择成长股［M］.李猷，译.北京：中国人民大学出版社，2023.

19. 严行方.巴菲特忠告中国股民［M］.海口：南方出版社，2018.

20. 吕长顺，王圣雄.像查理·芒格一样投资［M］.北京：机械工业出版社，2021.